遠野怪談

小田切大輝

竹書房怪談文庫

※本書は体験者および関係者に実際に取材した内容をもとに書き綴られた怪談集です。体験者の記憶と主観のもとに再現されたものであり、掲載するすべてを事実と認定するものではございません。あらかじめご了承ください。

※本書に登場する人物名は、様々な事情を考慮してすべて仮名にしてあります。また、作中に登場する体験者の記憶と体験当時の世相を鑑み、極力当時の様相を再現するよう心がけています。今日の見地においては若干耳慣れない言葉・表記が記載される場合がございますが、これらは差別・侮蔑を助長する意図に基づくものではございません。

序文

　この話は、その殆どが遠野に暮らす人々から聞いたものである。岩手県遠野市に移住して一年ほど経った頃、幼い頃から怪談や怖い話が好きだった私はこの地で本格的に怪談蒐集に取り掛かった。取材を通して私は、遠野に住む人々がこれまでに暮らした土地の人とはどこか違う死生観や価値観を持っていると感じた。

　遠野での怪談取材中に「怪談みたいな体験はしたことないよ。あ、でも幽霊を見たことならあるけどね」と言われたことがある。幽霊を見たのならそれは紛れもない「怪談」である。しかし、遠野の人々にとって「怪談」と括《くく》られるほどの特別な体験ではないのだ。

　第一章でも紹介するが、親族や知人が亡くなる直前や直後に、何かしらの不可解な現象が起きることを、遠野の人々は「故人が最後に挨拶に来てくれた」と考え、日常の出来事だと考えている人が多い。そういう類の話を集めたら、数百は軽く超える。「お葬式に行ってごらんよ。みんな『自分のとこには何日前に挨拶にきた』なんて話しているからさ」そう言われるのだ。

遠野ではかつて冷害により度重なる飢饉が発生し、その度に多くの人が命を落としている。冬はマイナス二十度を下回る極寒の地だ。そんな厳しい自然環境を生き抜いてきたからだろうか。人々が「死」というものを身近に感じているのかもしれない。ここで暮らしていると、私自身も普段の生活の中で、あの世との境が曖昧になり、ふとした拍子に異界と行き来しているかのように感じることがある。そんな遠野で集めた不可思議な体験談や受け継がれてきた風習、信仰にまつわる話を紹介したい。

また各章の間には「モンコ話」を差し込んでいる。

「モンコ」とは、遠野地方では「正体の分からない恐ろしいもの、多くの場合はオバケ」を指す方言である。取材の際に「昔はおばあちゃんに『夜更かしするとモンコが出るぞ』と驚かされたものだわ」という思い出話を何度か耳にした。

柳田国男《やなぎたくにお》も著書『妖怪談義』の中で、東北地方のオバケの地方名について触れている。「秋田ではモコ、外南部ではアモコ、岩手県も中央分ではモンコ、それから海岸のほうに向かうとモッコまたはモーコで」とある。

知人の祖母は「元寇《げんこう》の蒙古《もうこ》人の襲来を恐れていたところから、もうこが訛って『モンコ』になったらしいよ」と言っていたらしく、これは柳田も一説として触れている。

一方で柳田の持論は面白く「多くの動物の名がその鳴き声から付けられているごとく、オバケもモーとなく地方では、大抵はまたそれに近い語をもって呼ばれている」と述べている。つまり、東北地方の人々はオバケがモーと鳴くから「モーコ」ないし「モンコ」などと呼んでいるのではないかということである。確かにお茶のことを「お茶っこ」、馬のことは「馬っこ」と岩手では名詞に「こ」を付けて呼ぶ訛りがある。

言語の真相はさておき「モンコ話」では、私が遠野で集めたオバケ話を紹介する。

願わくばこれらの話を語りて、今一度平地人を戦慄せしめよ。

目次

第三章　土地

第四章　人魂・火の玉・狐火

第七章　狐と稲荷

第八章　風習と信仰

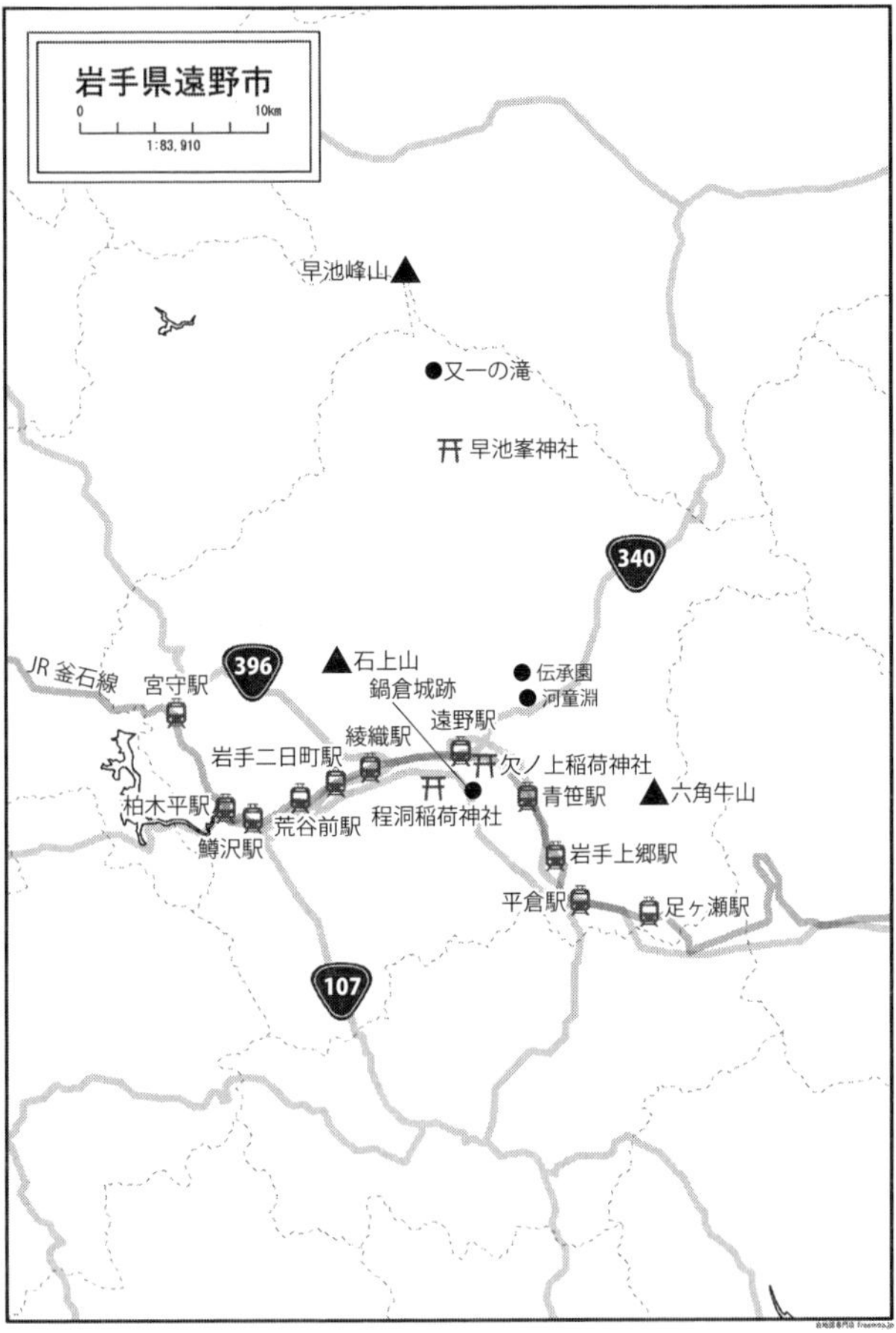
岩手県遠野市
0
10km
1:83,910
早池峰山
又一の滝
早池峯神社
340
JR 釜石線
396
石上山
鍋倉城跡
伝承園
河童淵
宮守駅
遠野駅
綾織駅
岩手二日町駅
欠ノ上稲荷神社
六角牛山
程洞稲荷神社
青笹駅
柏木平駅
荒谷前駅
鱒沢駅
岩手上郷駅
平倉駅
足ヶ瀬駅
107

第一章　魂の行方

人が亡くなるときや臨死体験をした際に、親族や近しい人の前に姿を現す現象を、遠野では「シルマシ」や「オマク」と呼ぶ。『遠野物語拾遺』一六〇話には「生者や死者の思いが凝って出て歩く姿が、幻になって人の目に見えるのをこの地方ではオマクといっている」とある。「シルマシ」と「オマク」に明確な区別は付けられていない。しかし『遠野物語』から読み解くと、何かしらの現象により近しい人の死の予兆を受け取ることを「シルマシ」と捉え、人物の生死に拘らず、いるはずのない姿を目撃することを「オマク」と呼んでいると考えられる。一般的に言えば「虫の知らせ譚」に近い。

「虫の知らせ譚」自体は地域特有のものではなく、怪談を集めたことのある者であれば、一番多く集まってくるジャンルであろう。

では遠野の不思議なところは何か。それは、体験者の多さである。「シルマシ」や「オマク」に似た体験をした人が多いのだ。宴会場で働く男性は「通夜葬儀の仕事が入る前には、必ず店内の特定の場所からガサゴソと異音がするから分かる」と言うし、近親者が亡くなる前に魂が挨拶に来るくらいは「当たり前のこと」なのだ。古老の方たちだけならまだしも、私と同世代の方にこうした話を聞かせても「それくらいは、まあ、あるよね」と言われる。不思議とも、怖いとも思っていない。

この章では、私が集めた「シルマシ」や「オマク」の体験談の中でも、特に興味を持ったものを紹介する。ここに納められたのは、ほんの一握りに過ぎないことを書き添えたい。そうでなければこの本一冊が「シルマシ」と「オマク」の話で終わってしまうからである。

挨拶に来てくれるの

「近しい人が亡くなるときは、挨拶に来てくれるのよ」

遠野に住む七十代のYさんが聞かせてくれた。

ある日、居間でくつろいでいたときのこと。

ふと廊下に目を向けると、居間と廊下を仕切る雪見障子のガラス越しに、廊下を歩く男性の下半身が見えた。家にはYさんしかいないはずだ。

「泥棒？」

慌てて障子を開け覗き込むが、そこには誰もいなかった。気配もない。

ジリリリ、ジリリリ、ジリリリ。

電話の音が鳴り一瞬ビクッとしたが、落ち着いて受話器を取った。

「Yちゃん。叔父さんが死んだず」

叔父の死を知らせる電話だった。

「ああ、廊下を歩いていたのは叔父さんだったのか」

そう思った。


またある日のこと。

お勝手から居間に向かっている途中で、ふと玄関に目がいった。

玄関の横にある磨りガラスに、女性がピッタリとくっついて中を覗き込んでいる。

「ひっ」

一瞬びっくりしたが、シルエットで近所に住む仲の良い女性だと分かった。

「ちょっと、驚かさないでよ。用事があるならインターフォンを鳴らして……」

扉を開けながら横を見ると、女性の姿は消えていた。

ジリリリ、ジリリリ、ジリリリ。

消えた知人の姿に戸惑いながらも電話に出た。

「Yさん。町内の○○さんが、今朝死んだず」

今ガラスに張り付いていた、その女性の訃報だった。

呼びに来たもの

ある日、Ｋさんが居間で過ごしていると、

「おーい、誰か出てくれんかー」

祖父が部屋から大声で叫んだ。

居間にいた家族は顔を見合わせた。

「おーい、玄関で誰かわしを呼んでいるだろ。出てやってくれー」

居間にいる家族には、祖父の声以外は聞こえない。

戸惑っていると、自室から祖父が出てきた。

「おい、聞こえなかったのか」

どういうことか訊ねると、祖父はこんなことを言った。

自室でそろそろ寝ようかと思っていると、玄関のほうから、

「タケおんじー、タケおんじー」

自分を呼ぶ女性の声が聞こえてきた。（タケが名前、「おんじ」はおじさんという意味の方言）

自分はもう寝巻きを着ていたので、家族に代わりに出てもらおうと声を掛けた。

「そんな声聞こえなかったわよ。それに、こんな時間に誰も来るはずないって。おじいちゃんボケちゃったの？」

念のため玄関を開けてみたが誰もいなかった。

家族は祖父が心配になったが、いたって健康そうであったため、

「単に寝ぼけたのだろう」

ということになった。

「そうか。すまんな。もう寝る」

祖父は自室に戻っていった。

しかしそれから一週間、毎晩祖父は夜になると「誰かが自分を呼んでいる」と言い出すようになった。

一度病院で診《み》てもらったほうがいいかもと家族で話になった夜。

Kさんが自室で本を読んでいると、祖父が部屋を覗き込んできた。

「おい。今、わしの部屋に来たか」

「いや、ずっと部屋で本読んでいたけど。どうして」

「わしが部屋で寝ていたらな。若い女が入ってきて枕元に立ったんだ。顔はよく見えなかったが、赤い着物を着ていた。お前かと思って」

「私、着物なんて着ないし。ちょっとおじいちゃん本当に大丈夫？」

Kさんは心配になり、祖父の部屋まで付き添った。

「あれは、顔が見えなかったんじゃなくて、首から上がなかったのかもしれん」

気味の悪いことを言う祖父に「何かあったら声かけてね」と言うと、部屋に戻った。


翌日、祖父は、いつも通り朝から畑仕事に出かけた。

しかし、作業中に転倒してしまい頭部を強く打ってしまった。

本人が「大丈夫だ」というので、医者には行かず様子を見ていたが、夜になって容態が悪くなり、そのまま帰らぬ人になってしまったという。

祖父だけに聞こえていた声と、最後の夜に祖父が見た女は何だったのだろうか。

ちなみに「おんじ」というのは、一緒に住んでいるような近しい親族に対して使う言葉ではないのだそうだ。

足音

盛岡市に住むHさんの家族の話だ。

Hさんが二十代の頃、父が脳梗塞で倒れた。

すぐに救急搬送され手術を受け、何とか一命を取り留めた。

父は目を覚ますとこんな話をし始めた。

「倒れる直前、目の前が真っ白になった。そこに死んだ親父と叔父さん、そして従兄《いとこ》が見えた。三人同時に俺のことを突き飛ばしたんだ。それで後ろに倒れたんだよ」

話を聞いた母は「きっとお義父さんと叔父さんたちが守ってくれたのよ。お礼をしたほうがいいわ」と言うので、父は家の仏壇に手を合わせ実父にお礼を伝えると、既に亡くなっている叔父の家に車で出かけていった。

叔父の奥様が出迎えてくれた。

まず仏間に案内してもらい線香を上げると、叔父と従兄に感謝の言葉を手向けた。振り向くと奥様がにっこりと微笑《ほほえ》んでいる。

「ところで、あなたが倒れたのって八月四日じゃないかしら」

「そうです。その日付です。もしかして家内から聞いていましたか」

「そうじゃないんだけどね」

奥様が言うには「この家にいると、親族が亡くなるのが事前に分かる」らしい。そういうときには、仏壇から窓に向かってパタパタと駆け出す音が聞こえるのだそうだ。その足音が聞こえると、間もなくして親族の訃報が届く。

「たぶん、御先祖様が仏壇からお迎えに出かけていく音なのよ」

件の八月四日も、奥様が居間でくつろいでいると、仏間から足音が聞こえてきた。

「また、誰か亡くなるのかしら」

しかし、その日はいつもと違った。

窓際まで行った足音が、仏壇へ戻っていったのだ。

これはどういうことだろうと思っていたところ、父がお礼に訪れたので合点がいったそうだ。

「あなたが助かるって分かって、御先祖様が慌てて仏壇に戻っていったのね」

その様子を想像して、奥様はにこにこ微笑んでいたという。

なくしたイヤリング

Uさんはある時期、些細ではあるが不可思議な現象に悩まされていた。

自宅で過ごしていると、毎晩玄関から、
パタン、パタン。

何かが開閉するような物音が聞こえてくる。様子を見に行くと音は止む。

毎日のように音を聞いているうちに、正体に思い当たった。

玄関の扉に付いている郵便差し。その差し口が開閉する音のようだった。

「もしかして、夜な夜な誰かがここから中を覗こうとしているんじゃ……」

そう考えると気味が悪かったが、様子を見に行くと必ず音が止まるので、確かめようがなかった。

毎晩続くその音を、いつしか気にしなくなっていった。

お盆が近づいていたある日。
日課である部屋のワイパー掃除をしていたときのこと。
いつも入念に埃を取るソファーの下に、ワイパーを滑り入れると、
ジャラリ。
チェーンのようなものを引っ掛けたような音がした。
ワイパーを引くと一緒にシルバーのイヤリングが片方だけ出てきた。
それは親友からもらったもので、とても大事にしていたはずなのに、いつのまにか
両耳ともなくしてしまったものだった。
毎日掃除をしている場所なのに、どうして今更出てきたのだろう。
不思議に思いつつも、なくしてしまわぬようにアクセサリーケースにしまった。

お盆の初日、Uさんは家族の墓参りに出かけた。

実家のお墓の目の前に来て、思わず息を呑んだ。

墓石の前に、あのイヤリングのもう片方がきれいな状態で置かれていた。

「どうして」

イヤリングをなくしたのは、最後に墓参りをした後、だった気がする。

しかも、こんなにきれいな状態で。

何かおかしなことが起きている。そう思ったUさんは、イヤリングをくれた親友に相談をした。

すると、親友は意外なことを聞いてきた。

「ねえ、お兄さんの遺影はちゃんとお仏壇に飾っているの？」

Uさんの兄は、その前の年に亡くなっていた。

豪快な兄は、地域の皆から兄貴と呼ばれ慕《した》われていた。

しかし数年前に追突事故に巻き込まれ、神経を損傷し、下半身が不自由になってしまった。

それでも明るく障害を克服しようとしていた兄だったが、昨年追い討ちをかけるように、身体の自由が次第に奪われる難病を宣告された。

それからの兄の姿は見ていられなかった。

意気消沈した兄は、ポツリとUさんに打ち明けた。

「俺は、自分で死を選ぶかもしれない。そうしたらU、家族と家を任せる」

そして年末、兄は自ら命を絶った。

Uさんは、兄の死を受け止めることができなかった。兄の自死を止められなかったことを悔やみ、遺影を仏壇に飾ることができずにいたのだ。


「お兄さんね、あなたのことが唯一心残りなんじゃないのかな。いつまでも前を向けずにいるあなたのことが心配で、毎晩様子を見に来ているんじゃないの。そそっかしいあなたが失くしたイヤリングを、代わりに見つけてくれたんじゃないの」

親友にそう言われて、Uさんはハッとした。

兄だったのか。

そうか、私が兄の死を受け止められないから、兄がこうして現れているのか。

家に帰ると、しまい込んだ兄の遺影を取り出し仏壇に立てかけた。

「お兄ちゃん。大丈夫、もう大丈夫だから。安心してね」

仏壇に呟きながら手を合わせた。

翌日から、毎晩なっていたあの音がピタリと止んだ。
しばらくしてUさんの夢に兄が出てきた。
元気だったあの頃と、変わらない笑顔で微笑んでいた。

二度目の別れ

Kさんの父が亡くなった。
慌ただしく通夜、葬儀、火葬を済ませた。
葬儀を終え、やっと一息つき、夜中一人台所でウイスキーを傾けた。
そのとき。
トントントントントントントントン。
二階から誰かが降りてくる音が聞こえた。
「こんな時間に誰が起きてきたんだ」
耳をすませていると、その足音は居間の横で止まり、隣の和室に入っていった。
父が生前に寝ていた部屋である。
ゴホン。

父の声、そのままの咳払いが聞こえた。

「親父、まだこの家にいるんだ」

自然にそう思えた。

それから、生活の端々で父の存在を感じた。

足音、咳払い、寝息、影。


ある夜、Ｋさんの夢に父が現れた。

父は一張羅のスーツに身を包み、鏡の前でネクタイを整えている。

「親父」

呼びかけると、父はくるりと振り返り、

「じゃあな」

微笑みながら一言言うと、そのまま玄関を出ていった。

父の背中を追いかけようとしたところで目が覚めた。

それは父が亡くなって四十九日目の朝だった。

モンコ（一）

Yさんの実家は飲食店を経営している。

飲食店といってもレストランや居酒屋ではない。

いわゆる宴会場と呼ばれる店だ。

法事などの冠婚葬祭時の食事会や、忘年会などの大規模な宴会の会場となる。

こうした店には、ダムウェーターと呼ばれる料理や皿専用の小さなエレベーターがある。

ダムウェーターの扉にはインターフォン状のスピーカーマイクが設置されており、階層の違うスタッフ同士が意思疎通できるようになっている。

そのお店は一階に厨房があり、二階に座敷や洋間の広い宴会場がある。

Yさんの店のスピーカーマイクは、一階から二階に声を届けるときは、スイッチを押し続ける必要がある。逆に二階は料理で手が塞がっていても厨房にオーダーが通るように、常にマイクがオンになっていた。

ある夜。大きな宴会が終わり、パートの女性二人と後片付けをしていた。

Yさんたちは一通り片付けを済ませ、二階のバックヤードで、出かけていた父親の帰りを待っていた。

一階の玄関が開く音が聞こえ、階段を誰かが登ってくる音が聞こえる。

バックヤードの扉が開けられるとそこに父親の顔が現れた。

「おやじ、おつかれ」

Yさんが呼びかけるとそれを掻き消すように、

「山舘さんが死んだず」

父親が話し始めた。

Yさんは山舘という名前に心当たりがなかった。

一方でパートの二人は、

「えーーーーー」

と驚いていている。

どうやら三人の共通の友人のようだった。

「どうしてよ。この前まで元気だったのに」

「脳梗塞とかかしら」

知人の突然の死に動揺が隠せない様子である。

「自殺だそうだ」

父親のその一言で更に驚きの声が上がった。

Yさんは自分の知らない人の話題に興味が湧かず、

「早くこの会話が終わらないだろうか」

と考えていた。

そのとき。

ダムウェーターの横に腰掛けていたYさんの耳に、
ザーーーー、ザーーーーー、ザーーーーー。

真横にあるスピーカーから砂嵐のような音が聞こえてきた。

一階のマイクのスイッチが押されたときに聞こえる音だった。

「あれ、一階には誰もいないよな」

そのとき、スピーカーから、

「たすけて」

と、微かに絞り出すような女性の声がした。

父親たちには聞こえなかったのか、相変わらず山舘さんについて話し込んでいる。

きっと疲れているから俺が聞き違えたのだろう。

再び顔を下げると、父親たちの会話が耳に入ってくる。

「自殺って、首でも括ったの」

「いや、どうやら自分の身体に火を点けて死んだらしい」

「焼身自殺なんて、何でそんな辛い死に方選んだのよ」

会話が故人の死に方に触れたときだった。

「たすけて！」

今度は先ほどよりも大きい声が、はっきりとスピーカーから聞こえた。

驚きのあまりハッと顔を上げると、目の前に立っていたパートさんもこちらを見つめていた。

「今の、聞こえた？」

「うん、聞こえた」

やはりYさんの聞き違いではなかった。

「何回、聞こえた？」

「二回聞こえた」

返答を聞いた瞬間、初めの小さな声も聞き違いでなかったことが分かり、恐ろしさのあまりバックヤードを飛び出して、店の外に転がり出た。

Yさんが突然飛び出したことに驚いた父親たちは、後を追って慌てて店の外に出てきた。

「どうしたんだ、お前」

「親父。さっきから話してる山舘さんって、もしかして女の人なの？」

「ああ、そうだよ」

父親の返答を聞き、スピーカーから聞こえてきた女性の声が、山舘さんの最後の声だったのではないかと思った。

「きっと親しかった友人が自分の死を話題にしていたから、彼女の魂が飛んできたんじゃないでしょうか。でも、自ら苦しい死に方を選んだ人も最後には『たすけて』って言うもんなんですね」

Yさんは納得いかないような表情でそう漏らしていた。

第二章　山と山神《やまのかみ》

『遠野物語』には山に住んでいたと言われる山人や山男、山女の話や、遠野の民たちが山で体験した不可思議な話が多く収められている。

例えば『遠野物語』三話。

「佐々木嘉兵衛という猟師が山の奥まで入り込むと、山奥にいるはずもない女を見かける。岩上で髪を櫛《くし》でとかしていた。しかも身長は、自分より高く見える。『これは人間ではない』と直感した嘉兵衛は、直ちに銃で撃ち抜いた。倒れた女の元に行くと、背が高く肌が異様に白い女であり、髪はその背より長かった。化けものを倒した証にと、髪を切り束ねて懐に入れると山を下った。

途中、なぜかとても眠くなり道の脇で倒れ微睡《まどろ》んでいると、背の高い男が突如として現れ自分の懐から女の髪の束を取ると山に消えていった。目が覚めると、確かに髪の束は消えており（山人だ）と思った」という話である。

また山には山を守り支配する山神が住んでいるとされている。特に遠野三山と呼ばれる早池峰山《はやちねさん》、六角牛山《ろっこうしさん》、石上山《いしかみさん》には三姉妹の女神が鎮座しているという伝説が残されている。

遠野の人々にとって山は神々の領域であると同時に、市外に出るためには越えていかねばならない峠でもある。遠野の市場に物資を届けるために、沿岸や内陸部から夜通し山を越えてくる者たちもいた。暗闇でこちらの世界と異界の境界が曖昧になる中で、不可思議な現象や存在と遭遇していたのかもしれない。

現在の遠野の人々も山に住む神に敬意を払い年中行事を欠かさず行う一方で、知らず知らずのうちに山の怪異に遭遇していたと思われる体験をしている。

中には『遠野物語』の話とよく似た体験をした方もいた。

この章では、現代を生きる遠野の人々が山で遭遇した体験談を紹介する。

山神の石碑

Wさんは市の学芸員だ。

当時は遠野市史の編纂に携わっており、市内の史跡や石碑を調査していた。

その日は市街地から程近い山中にある程洞《ほどほら》稲荷神社の境内に出向いていた。

そこに置かれている山神の石碑を調査することが目的だった。

女性職員のTさんと一緒に、程洞稲荷神社を目指し山深い参道を登った。

現地に付き周囲の様子をメモしながら、石碑の大きさを測ろうとメジャーを取り出し石碑に押し当てた。

これまで存在を知らなかった石碑に対面し、少し興奮していたという。

メジャーをグッと押し当てたときだった。

グラッ。

石碑が自分のほうに倒れ込んできた。慌てて身体全体で受け止める。横で見ていたTさんも一緒になって支えると、二人でゆっくりと地面に横たえた。高さは自分よりも少し小さいほどだが、時代の付いた石碑だ。持ち上げようとして変に力が加わり割れてしまったら一大事である。二人は一旦、石碑をこのままにして、後日集落の人たちと一緒に立て直すことにした。その日は事務所に戻るために、山を降り始めた。

登ってきた参道を降りていると、Wさんの足元が急に覚束なくなった。突然の睡魔に襲われたのだ。あまりの眠さに歩いていられないほどだった。

Tさんが慌てて駆け寄り声をかける。

「どうしたの」

「眠くて、歩けないんだ」

「眠いなんて、ふざけないで。こんなところで寝られちゃ困るわ。熊が出たらどうするの。私じゃあなたは背負えないわ」

Tさんは必死になりWさんの背中を叩き励まし続け、何とか車を停めたところまで降りてくることができた。

車の横に立つと先ほどの睡魔が嘘のように消えた。

「どうしてあんなに眠かったんだろう」

不思議に思いつつも無事に戻れた安堵を覚え、二人は職場に戻った。

もしかしたらあれは倒した石碑の祟りだったのだろうか。

後日集落の人々に手伝ってもらい元通りに立て掛けなおした。

「震災の揺れでも倒れなかったのに不思議なもんだな」

集落の古老がそんなことを呟いた。


不安になったWさんは、毎年程洞稲荷神社の祭りの日には必ず祝儀を奉納するようにした。

すると祟りどころか不思議と良いことが立て続けに起きた。

一番の出来事は、長年夫婦が望んでいた子供を授かったことだった。


この話、章の冒頭部で紹介した『遠野物語』三話に少し似ていると思うのは、私だけだろうか。

雪山トレッキング

友人に誘われたEさんは雪山トレッキングに出かけた。

スノーシューを履いて雪の積もった山道を踏み分けていく。

附馬牛町《つきもうしちょう》の奥にある又一《またいち》の滝は何度も訪れていた場所だが、雪景色となるとまた違った一面を見せた。冬にしか見られない景色も、雪山トレッキングの魅力だ。

木々の枝には新雪が乗り、薄曇りの日差しを照り返し何とも清々しい。

お互い言葉は発さず、黙々と歩き景色を堪能していた。

静寂の世界。聞こえるのは自分たちの足音のみ、ではなかった。

ボソボソ……ボソボソ……。

何か聞こえる。

いや、誰かが喋っている。

（自分たち以外にも誰かいるのか？）

足を止めて辺りを見渡した。

木々の間に目を凝らしても人の姿は見当たらない。

耳をすませると、それは女性の声だった。

喋っているというよりは、呼びかけているようだった。

「なあ、人の声が聞こえないか」

後ろから呼び止めると、友人は振り返り同じように耳をすませてみせた。

「いや、何も聞こえないけど」

どうやらEさんにしか聞こえていないらしい。

不気味に思いつつも、そのままやり過ごし山を降りてきた。


後日、集落の古老の人たちと喋っているときにこの話をした。

「もしかして、それは十二日だったんじゃないか」

確かにそれは十二月十二日の出来事だった。

「十二月十二日は山神の日だ。山に入っちゃいけねえ日だぞ」

山神の日は、山神が自分の山の木を数える日とされており、その日に山に入ると木として数えられてしまい、戻ってこられなくなると言われている。

「山神様は女性だ。きっと呼ばれていたんだろう」

無事に帰ってこられたことに感謝したという。

嫉妬

ゴールデンウィークを利用して甥っ子が遊びに来た。

甥っ子は医学部受験に落ち、気分転換をかねて遠野に住む祖父の家を訪ねてきていた。

落ち込んでいる甥っ子とどう接して良いか分からなかったNさんは、父の「早池峯神社に連れてってあげたらどうだ。来年の合格祈願でもしてきなさい」の一言に押され、甥を連れ車を出すことにした。

彼の父親、自分にとっては兄の少年時代のことを戯けて話しているうちに、次第に彼の顔も晴れてきたように見えた。

車は神社に向かうために山のほうへ向かうT字路を曲がり、ひたすら曲折した山道を登っていった。

すると俄《にわ》かに空が曇り始め、雪が降り始めた。

遠野では四月の終わりや五月の初めに雪が降ることもある。しかし、目の前で降り始めた雪は、春に降るそれではなかった。吹雪だった。みるみるうちにに雪が積もっていく。

とうに夏用のタイヤに履き替えていた。これではこの山道を進むことは難しい。

タイヤが雪の上を滑り始めていた。

「ねえ、これ大丈夫だよね？」

助手席の甥っ子は青ざめ、事故を起こすのではと恐怖に震えていた。

「大丈夫。神社に行くのは無理そうだから、引き返そうね」

ゆっくりと車の向きを変えると、止まるか止まらないかのスピードでゆっくりと下りた。

やっとの思いで、最後に曲がったT字路まで来ると、街道にある商店に車を停め一息ついた。

「無事に降りてこられたね」

車を降りて空を見上げて唖然とする。

雲一つない晴天が広がっていた。

振り返ると山の木々には一片の雪も積もっていない。吹雪が降っていた形跡は一つもなかった。

狐につままれたような気持ちで家に帰ってきた。

家にいた父にこのことを話した。

「早池峰山の神様がお前らに嫉妬したんだろうな。お前らがカップルだと思ったんだろう。それで雪っこ降らせて来られないようにしたんだ」

父はそう言うとニヤリと笑った。

『遠野物語』二話には「遠野三山に住む女神は嫉妬深いため、遠野の女性は妬みを恐れてこれらの山に登ることはない」と記されている。

早池峰山の神様

前の話で紹介した「早池峰山」とその「神様」については逸話や伝説が幾つかあるので紹介したい。

まず「早池峰」の名の由来であるが『遠野風土草 天の巻』にこういった記載がある。

「山頂には開慶水と呼ばれる小神池がある。(中略)この小神池は水清くどんな炎天にも枯れずどんな長雨にも溢れないと言われているが、不浄を忌むので手を入れて飲んだり、人の姿をうつしたりすると直ちにこの水が枯れてしまうという。もしも、誤ってそのような奇蹟にあったなら、その人は自分の非を謝り奉斉者に頼んで祈願すると、たちまち前のように湧出するということである。このように枯渇湧出が早速なことから早池といい、山を早池峰と称したということである」

その名の由来から既に神の領域であるかのような清廉さを感じる。

しかし『遠野物語』二話で紹介される遠野三山の女神の伝説を読むと、早池峰山に住む神様には少し狡賢さを感じてしまう。

「大昔に女神が三人の娘を連れて遠野に現れた。娘たちに『今夜、一番良い夢を見た娘に一番美しい山を与えましょう』といった。

三人が寝静まると、空から美しい花が長女の胸の上に舞い降りた。その様子を見ていた末の妹は、長女の胸から花を取ると、自分の胸の上に置き眠った。

こうして末の妹が一番美しいとされる早池峰山に住まうこととなったのだ」

つまり、早池峰山に住む女神は、本来長姉が手に入れるはずだった山を横取りする形で手に入れたという話なのである。この伝説に由来してか、早池峰山の神様に関して「盗みに寛容だ」という逸話が残っていると『遠野奇談』で紹介されている。

「早池峰山の麓に位置する附馬牛村。早池峰山の氏子であった一人の農家が稲の不作に困っていた。そこで、隣の村で勢いのよい田んぼから稲を盗み、そこから稲を育て自分の田んぼに植えた。すると、稲は勢いよく育った。

しかし隣村の農家がこの田んぼを見て『これは私の稲を盗んで植えている』と訴えてきた。附馬牛の農家は『そんなはずはない』と訴えを退けようとしたが、『うちの畑は糯稲《もちいね》だったのだ。秋になり穂が出れば嘘か本当か分かるだろう』と言った。

このままでは盗みが露呈してしまうと恐れた附馬牛村の農家は、毎日早池峰山の神様に助けを請うた。

秋になり訴え通り検分が行われると、件《くだん》の田んぼの稲は全てうるち米になっていて、盗みを働いた農家は助かった」

この逸話だけでなく、早池峯神社例祭の日には他人の畑の梨や桃の実を盗むことが、かつては許されていたことも記載されている。盗みを働くことで神様の機嫌がよくなるので、人々は文句をいうことができなかったそうだ。

何とも昔はアナーキーだったもんである。

今では女人禁制の山でもなければ、盗みが許されるような祭りはない。

しかし、依然として遠野の人々にとって早池峰山は神聖な場所であり、異界との境が曖昧になりやすい領域であることは変わらない。

私はできる限り古老と知り合うと怪談に限らず昔の話を聞くことにしている。

そのうちの一人Sさんは、話を聞いた時点で八十九歳の方だった。佐々木喜善《ささききぜん》の生まれた山口集落に生まれ育ち、その人生の多くを山に近い場所で過ごしてきたSさん。

僕が取材をした数カ月後に、一人早池峰山の麓の山林に入ったまま行方知れずになってしまった。

決して遠くまで行けるような足腰ではないはずだったのに、その姿は二週間経っても見つからずにいると聞いた。

山に呼ばれたのか、山へ帰ったのか。

真相は謎のままである。

鈴のような音

Oさんが幼い頃、祖父と一緒に山遊びに出かけた。

祖父はリヤカーを引き、竈《かまど》の焚き付けになるような枝を拾った。

Oさんは落ち葉や栗を拾い遊んでいた。

足を使って栗をイガから取り出すことに夢中になっていたとき。

リーン……リーン……リーン……。

遠くのほうから金属同士がぶつかるような音が聞こえてきた。

鈴のようではあるが、聞き馴染みのない音だった。

その音は次第に大きくなり、二人のすぐ近くで様子を見るようにぐるぐると回り始めた。

おかしい。音の正体も見えなければ、それ以外の落ち葉を踏む足音なども聞こえない。不思議な音だけが二人の周囲で鳴り続けていた。

「ねえ、おじいちゃん。この音ってなあに」

訊ねながら祖父を見上げると、祖父の顔はすっかり青ざめ、怖がっているようにも見えた。

「わかんね」

祖父はそう呟くと、慌ててOさんをリヤカーに乗せ、急いで山を降り始めた。

「当時は『物知りの祖父にも知らないことがあるんだ』くらいにしか思ってなかったんだけど。あの音、一体なんだったんでしょうね」

Oさんは今でも不思議に思うという。

鈴のような音たち

山の話とは直接関係がなくなってしまうが、遠野市内で前の話と同様に「鈴のような音」にまつわる体験が幾つか集まった。

一

台風により大雨・暴風警報が出ていた夜。市役所に勤めるEさんは、支所で夜に緊急事態が発生した際に対応するため支所で宿直をしていた。

同じく宿直をしている職員たちと世間話をしながら、無事に台風が過ぎるのを待った。

深夜二時頃だった。

建物の二階から、

リーン……リーン……。

何か金属同士がぶつかるような、鈴のような音が聞こえてきた。

「この音なんだ」

その場にいた全員が耳をすませる。

リーン……リーン……。

音は二階を移動しているようだった。

「警備員さんが見回りしてるんじゃないか。これ、鍵がぶつかる音だろう」

その一言でみんな納得したようだった。

すると一人の職員がトイレに立った。

鈴のような音はまだ鳴り響いていた。

トイレから戻ってきた職員が真っ青な顔をしていた。

「おい、あの音。警備員じゃないぞ。今、警備室覗いたら、警備員さん突っ伏して寝てたわ」

皆が目線を合わせて静まり返る。

音はピタリと止んでいた。

音の正体は一体なんだったのだろうか。

二

野営が趣味のKさんが、早池峰山の麓でテント泊をしていたときのこと。
深夜寝ているると物音で目が覚めた。
リーン……リーン……。
鈴のような、おりんを鳴らすような音だった。
（こんな時間だぞ。自分以外に人間がこんな場所に来るだろうか）
その音は段々近づいてくると、テントの周りを回り始めた。
恐る恐るテントの入り口を開け、外の様子を見る。
途端に音が鳴り止んだ。
そこには静寂と暗闇が広がるばかりで、人の姿などは見えない。
（聞き間違いか）
テントに入り、ファスナーを閉めると、
リーン……リーン……。

再びテントのすぐ外で音が鳴り始めた。

（これは、生きているものの仕業ではない）

音を無視して朝が来るのをひたすら待った。

翌朝には音は止んでいたが、結局音の正体は分からずじまいだった。

三

Mさんの家は昔、一階で商店をやっていた。

「ねえ、お父さんアイス食べたいよー」

父親にねだると「一階から取ってこい」と店の商品を一つ食べることが許された。

その日も姉と二人、すっかり暗くなった店舗に下りアイスを選んでいた。

どれにしようかと二人で悩んでいると、
リーン……リーン……。

どこからか鈴のような音が聞こえてきた。

「この音、何」

二人が目を合わせて考える。
リーン……リーン……。
音はだんだんと近づいてきて、道路に面したガラス戸の向こうを通り過ぎていった。
自転車も、人も、何も通らなかった。
ただ音だけが通り過ぎていった。
途端に怖くなった二人はアイス片手に二階に駆け上がった。
翌朝、冷凍庫の扉が開けっぱなしで怒られることになるとは知らずに。

四

Rさんはコンビニでの買い物を済ませ、自宅へ向かって自転車を漕いでいた。
帰路には街灯のない真っ暗な土手道を行くが近道だ。
自転車の小さなライトを頼りにペダルを漕ぐ。
すると、耳元で、
リーン、リーン、リーン。

鈴を鳴らすような音が鳴り響いた。

土手の下は繁みになっており、何かが走れるような足場はない。

音は自分と並走するようにピッタリついてくる。

正体不明の音に付きまとわれながら、全速力で家に帰った。

川から離れると音はついてこなくなったという。

今でもあの音の正体が何か分からず、その道は夜通らないようにしているとのことだ。


あるときは山の中で、またあるときは街場の商店街で。

姿を見せずに鳴り響くこの「鈴のような音」。もしかしたら、これらは遠野市中を行き来する同一の存在なのかもしれない。

皆さんも遠野に訪れた際は、時折訪れる静寂の中に、鈴のような音が混じっていないか耳をすませてみてほしい。

モンコ（二）

由紀子さんが小学三年生の夏休み。

遠くに住んでいる従妹《いとこ》が遊びに来た。

久しぶりにあった従妹とおままごとやかくれんぼをしたり、漫画を読んだりして過ごした。

昼下がり、従妹と一緒にテレビを見ていたときだった。

「あのね。私、蛍を見たことがないの」

従妹はちょっと恥ずかしそうな様子でそう言った。

由紀子さんにしてみれば、蛍は夏になれば現れる当たり前の存在だった。

(そうか、都会に住んでいるから蛍を見たことないんだ)

「じゃあ、今日の夜一緒に観にいこうよ。家の前の川でも見られるんだよ」

由紀子さんは少し得意げにそう約束をした。
夜御飯を済ませた二人は、家族に蛍を観に行くと伝え玄関を飛び出した。
由紀子さんの家の前は釜石《かまいし》線の線路を挟んで河原になっていた。
河原に下り立つと、蛍が宙を舞っているのが見えた。
「うわーーーー。きれい！」
隣で従妹が目をキラキラさせていた。由紀子さんも久しぶりに見た蛍に見惚《みと》れた。
「由紀子ちゃん」
ふいに背後から、自分の名前を呼ぶ声が聞こえた。
声のしたほうを振り向いたが、誰もいなかった。
暗闇が広がるばかりだ。
（あれ、私名前を呼ばれたよね……）
そのまま視線をさらに奥のほうまで伸ばすと、見慣れた自分の家が見えた。
玄関の灯りの下に、女性らしい人影が立っていた。
（誰だろう。お母さんじゃないな。おばさんかな？）

もっとよく見ようと、家に向かって一歩ずつ近づいていく。
次第に女性の姿がはっきりと見えると、それが全く知らない人だと気づいた。
白っぽい服を着た女性が俯《うつむ》きがちに立っている。
（誰だろう。近所の人かな。あの人が私の名前呼んだのかな？）
もっと顔をよく見ようと、更に家に近づいていく。
すると女性がパッと顔を上げた。
そして、由紀子さんと目が合うとニコっと微笑んで手招きをしてきた。
（私のこと知っているみたい。やっぱりあの人が私を呼んだんだ）
「どちらさまですか」
声をかけようと、玄関に向かって足を速めたときだった。
「由紀子ちゃん！！」
従妹が、鬼気迫る声で、由紀子さんの名前を叫んだ。
「何？」と振り向いた瞬間。
ゴーーーーーーーーー、ガタンゴトン、ガタンゴトン、ガタンゴトン……。
背後を勢いよく列車が通り過ぎていった。

家の前の線路には、人が通るための遮断機のない小さな踏切があった。

正にそこに、足を一歩踏み込んでいた。

警報の音は全く聞こえなかった。

(私、従妹に呼ばれてなかったら列車に轢《ひ》かれていた)

玄関を向き直ると、優しく微笑みかけていたあの女は消えていた。

心底ゾッとすると、急いで家に飛び込み親に泣きついた。


こんな恐ろしい体験を、由紀子さんは最近になるまで、すっかり忘れていたという。

では、なぜ思い出したのか。

ある日、目が覚めて居間に入ると、自分より先に起きていた娘がテレビを見ていた。

「おはよう」

声をかけると、娘はビクッと身体を強張らせて振り向いた。

「あんた、どうしたの？」

「昨日の夜よく眠れなくて」

娘はポツリポツリと昨夜のことを話し始めた。

夜中、寝苦しくて目が覚めた。何の気なしに、隣で寝ている由紀子さんを見る。

由紀子さんは悪夢を見ているのだろうか。やはり寝苦しそうにうなされていた。

その枕元に、誰かが立っていた。

暗がりで目を凝らすと、それは見たこともない女性だった。

白っぽい服を着た髪の長い女性が、身体を直角に折り、由紀子さんの顔を覗き込んでいた。

娘さんは、「怖い」と思ったと同時に意識を失ってしまった。


「ねえ、お母さん。あの女の人だあれ？」

そう訊ねられたときに、小学生の頃の恐ろしい体験がフラッシュバックした。

「ねえ、小田切さん。小学生の頃に、私の命を取り損ねたあの女。あれからずっと、私のそばにいるんでしょうか」

そう訊ねられ私は、何も答えることができなかった。

第三章　土地

夜の神社

遠野市街地のとある通りについて、

「夜はあまり歩きたくない」

と言う方がたまにいる。

特にその通りにあるA神社には、夜には近づきたくないという知人もいる。

確かに木々に囲まれた急な階段を上らなければならず、夜は少し気味が悪い。


Mさんは毎晩の散歩が日課であった。

決まったコースはなく、その日の気分で市街地のあらゆる場所を歩いて回っている。

その夜は、少し遠くまで足を伸ばした。

街灯が少なく、少し薄気味悪い通りに差し掛かった。

A神社の参道が目に入った。

いつもは決して立ち寄ることはないが、その日はなぜか鳥居を潜り階段を上ってみようと思った。

薄暗い階段を上り、境内に辿り着いた。

本殿の横の裸電球が、ぼんやりと辺りを照らしている。

賽銭箱の前に立つとジャラジャラと鐘を鳴らし、柏手を打つ。

静かな境内に音が響き渡った。

（よし、散歩に戻ろう）

階段を下り始めたとき、ドンッと背中を押された。

思わず前に倒れそうになったが、何とか踏みとどまることができた。

後ろを振り向いたが、そこには誰もいなかった。

家に帰りお風呂に入ろうと服を脱ぐと、背中に人の手形のような痣《あざ》ができていた。

（夜にお詣りをしたことが、あそこにいた何かの逆鱗に触れてしまったのか）

そう思ったという。

ちなみにA神社のあるこの通りは霊道になっているという話も聞いたことがある。

パトロール

民宿を営むUさんが、飲み屋で飲んでいたときのことだ。

「お宅の前にあるT字路。そこの角に、たまに女性が立っていますよね。あれ、誰ですか？」

偶然同じ店で飲んでいた顔見知りの警察官がそう訊ねてきた。

その警察官が言うには、夜中にパトロールをしていると、Uさんの民宿がある交差点の角に、たまに女性が立っているのを見かけるという。

どうやら、毎度同じ女性らしい。

「結構な頻度で立っているんですよ。俯いているから顔があまり見えなくて。Uさんの宿の前だから知っているかなと思って」

該当するような女性の姿を見かけたことがなかった。

でも一つ、思い当たることがあった。

「その女性ってさ、もしかしてゆったりとしたワンピースみたいな服着てる？」

「そうですよ！　やっぱり知っているんじゃないですか！」

「いや、知らないよ。僕は一度も見たことがないし。でも、君が言う角には昔ね。病院があったんだよ。小さいけど産婦人科も兼ねていてさ、僕もそこで産まれたんだ」

だから、その警察官が見たのはかつてそこで命を落とした妊婦の姿なのではないか。

そう考えたのだった。

「じゃあ、あの女が着ていたのはマタニティドレスってことですか」

警察官は青ざめていた。

「怖くてもうパトロールできないじゃないですか」

いろいろと大変だろうが、引き続きパトロールはしてほしいものである。

伝承園

皆さんは遠野の観光施設・伝承園を訪れたことがあるだろうか。

遠野で有名な観光地の一つ、河童淵から歩いて五分程の場所にある。

『遠野物語』を柳田国男に語った佐々木喜善の出身地・土淵町《つちぶちちょう》にあり、園内には佐々木喜善記念館があるほか、江戸から明治にかけての遠野の人々の生活様式を再現した展示を見学できる。『遠野物語』が成立した時代の人々の暮らしや信仰について見て、聞いて、感じることができる（施設の展示リニューアル作業に私も参加した。子供でも楽しめるように展示を工夫したので、是非皆さんも訪れてほしい）。

この伝承園には菊池家という曲がり家がある。曲がり家とは、岩手県の旧南部藩領に見られる伝統的な建築様式のことで、菊池家は江戸時代に建てられ実際に使用されていた曲がり家だ。展示のために元あった小友町《おともちょう》から移築されている。

この菊池家にはオシラ堂という建物が隣接している。

建物内には東北地方の民間神であるオシラサマが約千体展示されている（オシラサマについては「第七章　風習と信仰」で詳しく記載する）。

ここでは、オシラサマに年に一度布を被せる風習にならい、願い事を書いた布をオシラサマに被せることで所願成就を祈ることができる。

オシラ堂のオシラサマは展示用に作られたレプリカであるが、長年人々の願いを受け止めてきたからだろうか。訪れる人によっては「何か感じる。恐ろしい」といったこともあるそうだ。

ツアーガイドをやっている方にも話を聞いたが、ツアー参加者の中にはオシラ堂に足を踏み入れることを拒否する人も、たまにいるらしい。

私は展示リニューアルに携わっていたので、この施設を管理・運営する人たちともよく話をした。

その中には、オシラ堂で不思議な体験をしたことがある人がいた。

その人が施設内の施錠当番だったときのことだ。

朝一番で全ての建物を開場して回る。

オシラ堂の入り口の扉を開けたとき、部屋いっぱいに黒い影が蠢《うごめ》いていた。

廊下からの光が差し込んだ途端、その影たちはざわざわと天井のほうへ一斉に消えていった。

もしかしたらオシラ堂には何か不思議な存在がいるのかもしれない。

私のSNSのフォロワーのEさんも、オシラ堂にまつわる体験を聞かせてくれた。

Eさんは岩手出身であるが、普段は関東で暮らしている。

二〇二三年に、私が遠野で怪談イベントを開催した際に、イベントに合わせて岩手に帰省し参加してくれた。

イベントは午後三時からだったので、昼頃に遠野入りした後、母親と一緒に観光していたそうだ。

かねてから伝承園に興味があったと言い、写真や動画を撮影しながら園内を散策していた。

オシラ堂に入ると、壁中にオシラサマが展示されている光景に圧倒された。

堂内に他の客がいなくなるまで待ってから、オシラ堂の中をぐるっと動画で撮影した。

確かに、そこにいたのは自分と母親だけだったという。

しかし、後日動画を見返したところ、いるはずのいない男性の声が入り込んでいたという。

それはボソボソとした小声で「ごめんなさい」と言っているように聞こえる。

実際に、私も動画を送ってもらい見させてもらった。

確かに男性の声で「ごめんなさい」と聞こえた。


この声の主は一体誰なのだろうか。

なぜ、オシラ堂の中を撮影した動画に声を残したのだろうか。

そして、一体何に対して謝っているのだろうか。

一族の土地

自宅の居間でくつろいでいたKさん。

カーテンを閉め忘れていることに気が付き、窓辺に立った。

カーテンを手に取ったとき、真っ暗な夜の庭に人影があることに気が付いた。

窓に顔を近づけて目を凝らす。

そこには、武士の姿をした男性が立っていた。腰には刀を差している。

その男はまっすぐKさんの目を見つめていた。

(どう考えてもこの時代の人じゃない)

不思議と怖い感じはなかった。ゆっくりとそのままカーテンを閉め、何も見なかったことにした。

後日、実家に顔を出した際に、自宅で武士の姿を見たことを親類に伝えた。

すると、我が家がかつて武士の家系だったことを教えられた。

どうやら相当広い土地を持っていた裕福な武家だったという。

「あなたが嫁いだ地域もね、昔はうちの土地だったらしいのよ。どうやら、借金の形か何かで手放してしまったらしいのだけど」

もしかしたら御先祖様が、子孫であるあなたに気が付いて、見ていたのかもね。

そこで気が付いたことだが、Kさんの家系の女性の多くが、今Kさんが住む地域に嫁いできているのだそうだ。

「まるでゆっくりと私の血筋が、かつての領地を取り戻そうとしているみたいでしょ」

Kさんは笑顔でそう言った。

わらべ唄

Yさんの職場は市内の複合施設だ。商業施設の中に複数のオフィスがあり、その一つにデスクがあった。

ある繁忙期のこと。仕事が立て込み、残業の日々が続いた。

その日も、気が付けばフロアで残っているのは自分と上司の二人だけだった。

仕事を片付けても片付けても、終わる気配がまるでない。

時計の針は零時近くを指していた。

「今日はここまでにしようか」

上司が疲れた顔でそう提案してきた。

「ですね。帰りましょう」

二人は帰り支度を始めた。

Yさんたちが立てる物音に混じって、何か別の音がフロアの奥から響いているのに気が付いた。

歌声だった。

歌が聞こえる方向にあるのは、本屋やゲームセンターなどの商業施設だ。

目の前の上司も動きを止めて耳をすませている。

「これ、聞こえてます？」

「歌？　かな」

上司にも聞こえているようだ。

それは子供の歌声だった。何か、わらべ唄を歌っているようなメロディだ。

「こういう歌が鳴るゲームがあるんだろうな」

上司は自分を納得させるようにそう言った。

「ですねー」

疲れていたYさんも、深くは考えずにそのまま帰った。

翌日。どうしても不思議に思ったYさんは、日中に音が聞こえたエリアに行ってみた。

ゲーム機一体一体を見て回ったが、昨夜聞いたような歌が流れるものはなかった。

「その施設って、大きな病院の跡地に建てられたんです。もしかしたら関係しているかもしれません」

Yさんはそう付け加えた。

モンコ（二）

Uさんの父は幼い頃に一度、死にかけたことがあるという。
幼い父はあるとき、高熱にうなされ寝込んでしまった。
医者に見せても原因は分からず、熱が下がらぬまま一週間経った。
「このままでは今夜が峠でしょう」
医者にはそう言われた。
自宅の二階にあった寝室に寝かされ、家族が交代で看病していた。
時計が夜の九時を回った頃。父の父親、Uさんからすると祖父が様子を見に行った。
父が寝ていた部屋には祖母と叔母がいたが、すっかり突っ伏して眠ってしまっていた。

祖父が父の寝ている枕元を見ると何やら黒い影が蠢いていた。

次第にそれは鎧《よろい》を纏《まと》った真っ黒な武者の姿になり、父に覆い被さろうとした。

祖父は慌てて一階の和室に行くと、床間に飾ってあった日本刀を掴みとり、父の寝室に駆け戻った。

抜き身の刀を思いっきり黒い鎧武者に振り下ろした。

一振り宙を切るはずが、振り下ろすのにかなりの力を要した。

振り切ると鎧武者は霧散するように消えていった。

全身全霊を尽くしたかのように疲れ。祖父はその場にへたり込んだ。

同時に祖母と叔母が目を覚ます。

その後すぐに父の病状は回復したそうだ。

「昔、わしはお前のお父さんの命を救ったことがあるんだぞ」

Uさんは祖父から自慢げにこの話を聞かされたという。

第四章　人魂・火の玉・狐火

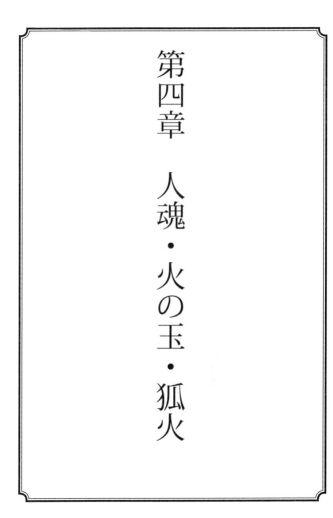

遠野で怪談取材をしていると「火の玉を見た」という話によく出会う。

『遠野物語拾遺』にも、火の玉の話が載っている。

「役場に勤めていた某が、自宅の土間で火の玉を見かけ、箒を持って追いかけまわし盥《たらい》で捕まえた。そこに伯父が危篤という知らせが届き、捕まえた火の玉を逃してから駆けつけた。すると、伯父は一度息を引き取った後に目を覚まし、生き返ったという。目を覚ました伯父が『お前の家にいったら、箒で追いかけられた上に、盥に閉じ込められた』と言った」というものである。

遠野市老人クラブ連合会が一九八九年から二〇一四年まで毎年発行していた『遠野今昔』の第二巻にも、火の玉を目撃した体験談が載っている。

「昭和の初め頃の話だそうだ。体験者が中学生の頃、近所で遊んでいた姪っ子の着物に囲炉裏の火がつき、あっという間に火だるまになってしまった。

たまたま通りかかった近所の人がすぐに姪を川に入れ火を消したものの、姪の火傷は尋常なものではなかった。慌てて姪の両親とともに町場の病院に担いでいったが、当時は道も悪く徒歩では一時間ほどかかった。

途中墓場を通り過ぎるときに、突然姪が泣き喚いた。それと同時に墓場から火の玉が飛び出し、自分たちが来た家の方角に飛んでいった。全員が恐ろしく思ったが、姪っ子が急に静かになったので、病院への道を急いだ。

病院に到着する頃には姪は息を引き取ってしまっていた。悲しみの中、家に帰着すると、母親が『○○（姪の名前）が火の玉になって帰ってきたよ』という。どうやら途中体験者たちが見たものと同じ火の玉が、その後家の前まで飛んできて消えたという。

その他にも、同時間帯に町場から集落に向かう道で火の玉が飛んでいるのを見た者が複数いた」というものである。

これらの出来事から時を経た現在でも、遠野では火の玉を見かけたという方が複数人いる。

この章では私が取材した火の玉の目撃譚を紹介する。

青い炎

Nさんは一時期、二人の娘さんと空き家を借りて住んでいた。

知人に「なるべく安く住めるところ」と言って用立ててもらった家で、古いながらも家族三人が暮らすには十分な広さだった。

最初の頃娘たちは古い家屋に文句ばかり言っていたが、次第に住み慣れたのか文句を言わなくなった。

ある日、Nさんは夜中に目を覚ました。

しばらく横になっていたが、なかなか寝付けなかったのでトイレに立った。

用を済ませ暗い廊下を歩き寝室に戻る。

寝室の戸を開け中に入ったときに、視界の端で何かがチラッと光った。

（何だろう）

光った先を見るとそこには姿見が立てかけてあった。

(姿見が光ったってことは、何かを反射したのよね)

寝室を見渡してもそれらしい光源はない。

もう一度姿見を覗き込む。

姿見に映り込んだ寝室の真ん中辺りに、何かが浮いているのが見えた。

近づいてよく見ると、それは青い火の玉だった。

驚いて部屋を振り返ると、実際の部屋には何も浮かんではいない。

でも姿見に映る部屋には火の玉が浮かんでいるのがはっきり見えている。

思い切って、火の玉に手を伸ばしてみようかと思ったが、途端に怖くなり、そのまま布団を被ると、朝が来るのを待った。


翌日、家事をこなしているとインターフォンが鳴った。

玄関の戸を開けると、この部屋を用立ててくれた友人が立っている。

「あれ、どうしたの」

「ごめんね、急に。実は昨夜、この家の持ち主の御家族が亡くなってね。亡くなった方は生前にこの家でお葬式を挙げたいって言っていたらしいの。でも、あなたたちに貸しているじゃない。だからね、あの庭にある小さな小屋で挙げさせてもらおうと思うのだけど、いいかしら」

そう断りを入れられた。

「いいけど」

そう答えつつNさんは昨夜見た青い火の玉のことを思い出した。

(もしかして、私たちがこの家に住んでいるからこの家で葬儀を挙げられない。それが恨めしくて火の玉になって現れたのかしら)

そうとしか考えられなくなった。

猫が集まる家

その日Yさんは小学校から一人で下校していた。

ふいに目の前にふわふわと火の玉が現れた。

（うわ！　火の玉だ！　すげえ）

まだ中学年だったYさんは、怖いというより、凄いものを見つけたという気持ちが勝った。

（どこに行くのか調べよう）

ゆっくりと浮遊する火の玉の跡を付けていった。

ソレはしばらく道なりに進んでいくと、道路脇にある古びた空き家に入っていった。

流石《さすが》に一人で建物の中に入ることは躊躇《ためら》われ、そのまままっすぐ帰宅した。

翌日、火の玉を見たことを担任の先生に得意げに話した。

先生はYさんの話を聞いた後、少し考えるような素振りを見せた。

「ねえ、その火の玉が入っていったお家って、もしかして学校からYくんの家に向かって最初の交差点の近くにあるお家じゃないかな」

確かに、先生の言う通りである。

Yさんはこっくりと頷《うなず》いた。

「やっぱり。実はあのお家って不思議なの。ここら辺の猫はね、そろそろ死んじゃうって言うときになると、あの家に入ってから亡くなるんだって。Yくんが見た火の玉と何か関係があるかは分からないけど」

Yさんからこのお話を聞いた時点では、その空き家は今もまだ遠野にあるということだった。

飛び交うもの

Kさんは家の中で火の玉を見ることがあるという。

火の玉はいつも、突如として現れる。

橙色の火の玉はふわふわと低い位置をゆっくり浮かび、青色の火の玉は天井近くを激しく角から角へと飛び交うそうだ。

旦那や子供には見えないらしく、怖がらせてもいけないと話すことはない。

ある日、居間で遊ぶ子供を見守りながら、雑誌を読んでいた。

ふいに橙色の火の玉がどこからか現れ、ふわふわと漂っていった。

その先では娘が遊んでいた。

すると突然娘が火の玉の浮かんでいる方向に向かって走り始めた。

(あ、このままだとぶつかるな)

あと少しで火の玉と重なる直前、娘がくるりと振り返って「ママー」とこちらに向かってきた。

「どうしたの？」と聞くと、

「怖かったの」と答えた。

娘には火の玉は見えていない様子だったが、もしかしたら何かを感じ取ったのかもしれないと思った。

ちなみにKさんが住む地域は市内でも寺が集中しているエリアで「寺町」と呼ばれる地域に隣接している。

モンコ（四）

　Sさんは母親と一緒に野外音楽フェスに出かけた。

　夏の日差しは強く気温も高かったため、基本的にはステージから離れた木陰で音楽を聴き、母親とフェスの雰囲気を楽しんでいた。

　自分の好きなアーティストのステージの時間になったので、Sさんは母親を木陰に残し、少し前方で立ったまま音楽に聞き入った。

　大興奮の時間が終わり、汗を流しながら母親の元へ戻る。

　ペットボトルの飲み物を受け取り、渇いた喉を潤す。

　母親のほうを見ると何か言いたそうな顔をしている。

　何かあったのか訊ねると、

「いやー、あなたって意外と冷たいのね」と言われた。

母親が言うには、Sさんが音楽に乗せてジャンプしているすぐ後ろに、母親と歳が近そうな女性が立っていたという。

「このグループには、私と同じ世代のファンもいるのね」そんなふうに考えていた。

途中後ろに立っている女性がしきりにSさんの肩を叩き、話しかけている様子だった。

しかしSさんは一向に女性の語りかけに応じる素振りはなく、音楽に夢中な様子だった。

それで、Sさんに先ほどの言葉を投げかけたのだ。

Sさんは全く覚えがなかった。幾ら音楽に夢中になっていても、肩を叩かれたら気が付かない訳がない。

「その女性が私に話しかけているように見えただけじゃないの」ということでその場は済ませた。

それからしばらく経ったある日のこと。

夜に母親と近所のコンビニで買い物をしていた。

どうやらその様子を外の駐車場から同僚が見ていたらしく、翌日職場で訊ねられた。

「昨日、コンビニで買い物していたでしょう」

「もしかして、見られていました？」

「偶然見かけてね。一緒に買い物していたのってお母さんと、もう一人は伯母さんかしら？」

質問の意図が分からず困惑する。

「え？　母と二人でしたけど……」

「あれ？　見間違いかな。あなたとお母さんの間に、もう一人中年の女性がニコニコしていて。一緒に買い物しているように見えたけど」

先日のライブの出来事を思い出した。


Sさんはそれからというもの、時たま知人から「年上そうな女性と一緒に歩いていたけど誰？」と訊ねられることが増えたという。

それは全て、一人で出かけていたときなのだそうだ。

第五章　イタコ・オガミサマ

イタコと聞くと、青森県の恐山《おそれざん》を思い浮かべる方も多いだろう。しかしイタコは、南部藩領の口寄せ巫女の呼び名であり、同領内であった遠野にもイタコと呼ばれる巫女さんがいたと聞く。また、同じく民間の巫女としてオガミサマと呼ばれる存在もいたようだ。

江戸時代には多くの山伏が活動していたという。遠野市立博物館の展示には「普段は里に住み、病気などの災難をはらうための祈とうや占い、お札配り、遠野三山のお山かけ＊の道案内、村の小さな神社の祭りなどを行っていました。村人にとって身近な存在だった山伏」という記載もある。山伏だけでなく神子と呼ばれる女性の宗教者もかつては遠野で活動していたようだ。

こうした山伏や神子は明治時代の修験禁止令により修験をやめ、里で普通に暮らしたり神職になったりしたそうだ。取材をしていると「あの方は山伏の血筋だから」や「うちは山伏の家系らしいの」という話も稀《まれ》に聞くことがある。

私が集めた話の中にも、民間で人々の悩みを聞き、解決に導く人が登場するものが幾つかある。この章ではイタコやオガミサマにまつわる話を紹介する。

＊……遠野市内のある地域では、成人の儀式として一日内に遠野三山を歩いて回る「お山かけ」という風習があった。

ダム恐怖症

かなさんは休日を利用し、友人の希美さんと花巻《はなまき》のダムまでドライブに出かけた。

ダムは花巻の温泉街を抜けた先にあり、日帰り温泉も目的の一つだった。

他愛もない会話を楽しみながら、好天に恵まれたドライブを楽しんだ。

ダム湖の畔にある公園や展望台を巡り、見頃をちょっと過ぎた紅葉や豊かな自然を満喫した。

温泉街へ戻ってくると、遅めの昼ご飯を食べ温泉で身体を癒した。

「じゃあ、そろそろ帰ろうか」

帰りは希美さんがハンドルを握り、遠野へ車を走らせた。

そろそろ遠野の市街地が見えてくるというところで、

「ねえ、私の職場に寄ってもいい？」

信号待ちの間に希美さんが訊ねてくる。

希美さんの職場は市内のスーパーだった。

「いいよ。私もちょっと買いたいものあるし」

二人を乗せた車は、希美さんの職場の駐車場に入っていく。

スーパーの入り口を入るとすぐに、商品を陳列していた女性がこちらを振り返った。

「あれ？　希美ちゃんじゃん。おかえりー」

「先輩お疲れ様です。ちょっと忘れ物取りに来ました」

どうやらその女性は希美さんの先輩らしかった。

「そう言えば友達とドライブ行くって言っていたね。『二人で行きます』って言っていたけど、結局五人で行ったの？」

二人は先輩の問いかけの意味が分からず目を合わせた。

「え、ドライブに行ったのは私とかなの二人ですけど」

希美さんの返答を聞くと、先輩は二人の背後に視線をやり「しまった」と言いたげな表情になった。

「ごめんね。怖がらせるつもりはなかったんだけど。あなたたち今日、どこへ行ってきたの。後ろにアレ、付いてきているよ」

先輩がそんなことを言った。

希美さんの説明を聞くに、先輩はどうやら「視《み》える人」とスーパーの中でも有名で、周囲でそういった関連で困っている人たちからよく相談を受けているとのことだった。

「かなさんには男が一人、希美ちゃんには別の男が一人と小さい子供が一人」

付いてきてしまっているという。

希美さんは怖がりながら、先輩に「助けてください」と頼んでいる。

しかし、かなさんはあまり実感が湧いていなかった。

「あの、もし付いてきているなら、私たちどうすればいいんですか」

「私がお祓いしてあげる。でもこういう類のものはね、元いた場所で祓わないとダメなんだよね。二人が行ったのって花巻のダムだっけ」

そこから希美さんと先輩でお祓いのスケジュール調整が始まった。

かなさんはそこまで乗り気でもなかったが「絶対してもらったほうがいいよ」と希美さんに言われ参加することにした。

「人目のない夜がいい」ということで、三人のスケジュールが合うのは結局二週間後になった。

「間があいちゃうけど、気を付けてね」

先輩にそう言われたが、かなさんは「大丈夫だろうな」と高を括っていた。


その日からお祓いまでの二週間、かなさんの様子がおかしかったことを妹の美樹さんが語ってくれた。

美樹さんは、かなさんがダムへドライブに行ったことも、その後「付いてきている」と宣告されたことも知らなかった。

ある夜、美樹さんが帰宅すると、かなさんが居間で一人テレビを見ていた。

美樹さんが部屋に入ってくるなり、ギロっと睨んできた。

（あれ、私たち喧嘩していたんだっけ）

美樹さんは疑問に思いつつも、

「ただいま。お姉ちゃん」と声をかけた。

「うるさい！　ふざけるな！」

脈絡もなくかなさんが罵声を上げた。

突然のことに美樹さんが戸惑い硬直していると、

「チクショウ！　ふざけやがって！　バカヤロウが！」

かなさんが大声で美樹さんに向かって怒鳴り散らす。

次第にその声は低く太くなっていき、ついには男としか思えない声になっていった。

「チクショウ！　チクショウ！　チクショウ！」

美樹さんは叫び続けるかなさんの肩を掴み、

「お姉ちゃん！　お姉ちゃん！」と揺さぶった。

途端にガクッと俯いたかなさんはパッと前を向き直った。

「あれ、美樹。お帰り。帰っていたの」

何事もなかったかのように話し始めた。

戸惑いつつも、目の前で起きたことをかなさんに説明した。

「私、そんなこと言っていたの」

かなさんは全く記憶がなかった。

この体験で「自分に男が付いている」ということを信じたかなさんは、希美さんに電話で相談をした。

すると電話口の希美さんの声も元気がない。

「私もちょっとおかしいのよ。あの日からね。毎日、気が付くとおもちゃ屋さんに立ち寄っているの。それで毎日一体ずつぬいぐるみを買っちゃうの。それを帰って部屋に並べると、嬉しくて嬉しくて仕方がなくて。今までこんな趣味なかったのに」

まるで、小さな子供になったみたいなの。

二人はいよいよ自分たちの身に起きていることの恐ろしさを知り、一刻も早くお祓いの日が来ることを願った。


その日は先輩が二人を家まで迎えに来てくれた。

とっぷりと日が暮れてから遠野を出発した。

車は例のダム近くにある公園の駐車場で停まった。

「準備をするからちょっと待っていてね」

あの後このダムや公園が自殺スポットだと妹から聞かされた。その情報のせいだろうか、街灯も殆どない夜の景色は、異様に気味悪く感じた。

「じゃあ二人とも、ここに立って」

指示された通りの場所に立った。

先輩は手に何やら刀のようなものを握っている。

「それじゃあお祓いを始めるけど、しっかりと目を閉じていてね」

「目を開けていちゃいけないんですか」

視界を奪われるのが怖かった。

「うん。目を開けていると視えちゃうから。視えたら怖いでしょう」

そう言われたらギュッと目を閉じるしかなかった。

先輩が何やら祝詞《のりと》のようなものを唱え始めた。

それと同時にヒュンッヒュンッと何かが空を裂く音が聞こえた。

きっと手に握っていた刀を振っているのだろう。

静寂の中に先輩の声と刀を振るう音だけが響いていた。

パキッ……パキッ……パキッ……。

乾いた枝を踏み折るような音が聞こえ始めた。

（あれ、私たち以外には誰もいないはず）

その音は、三人の周囲を回るかのように鳴っていた。

かなさんはその音へ耳をすませた。

パキッ……パキッ……パキッ……。

アハハハハハハハ！　アハハハハハハハハ！　アハハハハハハハハ！

突然耳元で男性の高笑いが鳴り響いた。

「キャッ」

驚きのあまり声が出た。

笑い声が心底怖く、逃げ出したくなった。

「かなさん、怖いって思っちゃだめ！」

間髪いれず先輩が叫ぶ。

「あなたが怖がると出ていかなくなるから！　怖いって思っちゃだめ！」

（そんな……無理だよ……怖いよ……）

かなさんは必死に「怖くない怖くない」と心の中で自分に言い聞かせた。

男の高笑いは耳元で響き続けていた。

（怖くない……怖くない……）

しばらくすると、かなさんの身体にも異変が起き始めた。

いきなりドンッと突き飛ばされたように身体が前のめりに倒れそうになった。

でも、背後から押された感触ではなかった。

まるで、自分の身体の中から殴られたような衝撃が腹部に走り、身体が倒れそうになるのだ。

必死に自分自身を強く抱きしめた。

（怖くない！　怖くない！　怖くない！　怖くない！）

涙が溢れながらも強く自分に言い聞かせた。


一時間ほど経っただろうか。

気がつけば足音や笑い声、身体の揺れが収まっていた。

「もう大丈夫。終わったよ」

先輩にそう言われ目を開けた。

隣で希美さんが泣き崩れていた。

きっと同じようなことを体験したのだろう。やっと終わったという安堵の気持ちかもしれない。

三人は車に乗ると遠野へ車を走らせた。


「この出来事があってから、私ダムが怖くなっちゃって。旅行でどこへ行ってもダムには近づかないようにしてるんです」

かなさんは妹の美樹さんと一緒に私にそう話してくれた。

「ねえ、怖かったね。お姉ちゃん」

二人は暗い面持ちで俯きがちにこの話を聞かせてくれた。

しかし、かなさんはパッと顔を上げると、打って変わってにっこり微笑みながら私に語りかけた。

「でも、小田切さんってこういう怖いお話が好きなんでしょう。だったら行ってみてくださいよ。このダムに」

「そうね、行ったほうがいいわね、ダムに」

姉妹揃って満面の笑みを浮かべ私に勧めてくる。

ああ、今度は私が呼ばれているのかもしれない、あのダムに。

おしどり夫婦

さやかさんの祖父母は周りが羨むほど仲良し夫婦だった。
さやかさんも将来は祖父母のような夫婦になりたいと夢見ていた。
数年前、祖父が病気で急逝した。
祖母の落胆ぶりは目を覆いたくなるほどだった。
塞ぎ込んだ祖母は塞ぎ込み、食も細くなってしまった。
家族全員が祖母のことを心配していた。
ある日祖母が恐山に行くと言い始めた。
「イタコさんにお願いすればお祖父《じい》さんとお話できるかもしれない」
祖母は期待を胸に出かけていった。
恐山から帰ってきた祖母は、目に見えて明るくなっていた。

「お祖父さんと話せた」と久しぶりに笑顔を見せていた。

それから祖母は定期的に恐山に通い、イタコに会いに行くようになった。

家族も、これで祖母の元気が出るのなら、と微笑ましく思っていた。


すっかり元気になった祖母が、何度目かの恐山から帰ってきた。

ルンルンという音が聞こえるのではないかというほど、浮き立っているように見えた。

「おばあちゃん。何かいいことあったの？」

「あのね。お祖父さんがね『三年後に迎えにいくぞ』って言ってくれたの」

祖母は嬉しそうに言った。

家族全員が「迎えに行くっていうことは……」と複雑な思いになったが、祖母がこれで生きていく活力を持てるならそれでいいと何も言わずにいた。


それからちょうど三年後。祖母が自宅で倒れ救急搬送された。

家族全員が「本当にお祖父さんが迎えにきたか」と覚悟したが、奇跡的に手術は成功し、一命を取り留めた。

医者が「これでもう大丈夫でしょう。あとは目を覚ますのを待ちましょう」と言うので、家族はベッドを取り囲み様子を見守った。

しかしその夜、祖母は容態が急変し、そのまま息を引き取ってしまった。

医者からはあまりにも急な容態の悪化の原因が分からず、医療ミスの可能性も含めて調査のために解剖したいという申し出があった。

しかし家族全員が「お祖父さんが迎えにきたんだ」と認識が一致したため、解剖は断り、そのまま遺体を葬儀会場に引き取ってもらったそうだ。

災害ボランティアの帰りに

二〇一一年三月十一日に発生した東日本大震災では、岩手県は沿岸部を中心に激しい被害を受けた。遠野市は内陸と沿岸の中心部にあり地盤のしっかりとした土地であったため、救援と復興の拠点となった。

甚大な被害を受けた沿岸部は、ボランティアが滞在できる環境を整えることは難しかった。そのため遠野がボランティアの滞在地になった。遠野で寝泊まりするボランティアが、朝になると沿岸部に出かけていき、夕方になると戻ってきた。

遠野在住のSさんは自身もボランティアとして活動しながら、遠野に滞在するボランティアの方たちを沿岸部に送迎していた。

朝一緒に被災地に赴き、夕方に一緒に帰りそれぞれの宿泊所へ送り届けた。

ある雨の日。いつも通りボランティアを終え、みんなを迎えに行った。

担当しているスタッフを全員車に乗せると遠野へ向かって走り始めた。
帰り道の途中だった。復興のために急ぎ作られた広い道路を通過していたときのこと。
人が立っているはずもないその道路の脇に女性が立っていた。
雨なのに傘も差さず、びっしょり濡れた女性が俯いて立ち尽くしている。
（あ、もしかしたら生きている人ではないかも）
そう思ったSさんは、なるべく目に入らぬようにして通り過ぎた。
ボランティアスタッフの人たちには見えている様子はなかった。
全員を宿泊所に送り届け、自宅に向かって走り始めた。
自宅の駐車場に到着すると、玄関先に母親が立っている。
車を寄せると、
「あんた、連れて来ちゃったね。そのまま家に入っちゃだめよ」
そう言うと、家の中に戻り何かを持って来た。
それは、塩を入れた小さな袋だった。

「これは、母さんがイタコさんのお手伝いをしていたときにいただいた塩だよ。これをかけてから家に入りなさい」

母親の言う通り、自分自身と車に塩をかけてから家に入った。

母親には、あの女性が見えたことを事前に伝えていた訳ではない。

「何だか嫌な予感がしてね。あんたが何か連れて家に向かっていると思ったの。帰ってきたのを見たらやっぱりそうだったわ」

イタコの元で手伝いをしていた母親にもそういった力が備わっていたのかと実感した出来事だったという。

呪い返し

Oさんはあるとき、大きく体調を崩してしまった。

病院に行って検査をしても、処方された薬を飲んでも回復する気配がない。

怠くて起き上がるのがつらい。吐き気や頭痛の波が断続的に襲ってくる。

幾つかの病院に診てもらっても原因は分からなかった。

藁にもすがる思いで、知人に紹介されたオガミサマの元へ相談に行った。

Oさんの姿を見るなりその女性が訊ねてきた。

「あなた、誰かに妬まれているね。心当たりはないかい」

Oさんには一人だけ思い当たる人物がいた。

「その人があなたに呪いをかけているんだよ」

Oさんは、考えてもみなかった言葉に驚いた。

（私、呪われているの……？）

「もし本当に呪いをかけられているとして、どうしたらいいんですか」

「安心しなさい。呪いはね、返すことができるのよ。そうねー。じっくりジワジワ返すのと、一度にドッと返すのではどっちがいい」

目の前の女性はニコッと微笑んだ。

その後、Oさんの体調が徐々に回復するのに反比例して、身近なある人が徐々に体調を崩し、ついには入院してしまった。

「やっぱり、あの人だったか」

Oさんはそう思ったそうである。

モンコ（五）

Mさんには高校生の頃とある趣味があった。
それは流木をコレクションすることだった。
散歩がてら川に行き、河原に落ちている流木を拾い吟味する。
気に入ったものがあれば持ち帰り、部屋の壁に釘で固定する。
Mさんの部屋の四面の壁は、そうして持ち帰った流木がびっしりと飾られていた。

ある冬の夜だった。
布団ではなく自室のこたつで寝てしまうのが冬の常だった。
その日もこたつの暖かさに微睡んでいた。
ザーーーーーーー。

部屋のテレビから砂嵐が鳴り始めた。
(あれ？　テレビ消したよな)
目を開けるとなぜかテレビが点いていた。
自分の勘違いだったかと電源を落とし、再びこたつでそのまま寝てしまう。
たった一晩だけの出来事であれば「勘違い」で済ませることができた。
しかし、それから一週間毎晩、勝手に点くテレビの音で夜中に目を覚ました。
テレビにタイマー機能はない。
(テレビが壊れているのか。それとも)
怖いことが嫌いなMさんは、それ以上のことを考えないようにした。
それから八日目の夜。
その日Mさんは、テレビとは別の音で目を覚ました。
廊下を走る猫のような足音だった。
タッタッタッタッ、タッタッタッタッ。
軽々しく走る猫の足音。
(あれ、うち猫飼ってないぞ。どっから入ってきたんだ)

起き上がろうとしたが、身体が動かない。

ピクリとも動かせず、目も開かなかった。

タッタッタッタッ、タッタッタッタッ。

その足音はMさんの部屋の前で止まった。

しばらくすると、
タッタッタッタッ、タッタッタッタッタッタッ、タッタッタッタッタッタッ、タッタッタッタッタッ。

部屋の中を走り回り始めた。

（おいおい。戸は閉まっているのにどうやって部屋に入ってきたんだよ）

追い出したくても身体が動かないために追い出せず、起き上がろうと必死で力を込めていた。

気が付くと足音が天井近くへ登っていった。

（俺の部屋の壁、猫が走れるような桟とかあったっけ？）

どこを走っているのか不思議に思っていると、自分の頭上で足音が止んだ。

次の瞬間、顔面に激痛が走った。

「痛ってえええええ」

声とともにガバッと起き上がった。

釘で固定してあったはずの太めの流木が落ちていた。

部屋の電気を点けて見渡すと、猫の姿は見えなかった。


翌朝居間に行くと、家族がMさんの顔を見て驚いた。

唇が切れて血まみれになっていたからだ。

「あんた、どうしたの」

母親に訊ねられ昨夜のことを話す。

「おい、それ猫じゃあねえぞ」

聞き終わった父が真面目な顔で言ってきた。

「猫じゃないなら、何なんだよ」

キレ気味に反抗する。

「女だよ。女。天井くらいまで背があるでっかい女。一週間くらい毎晩俺の部屋に現れててな。うるさいから一昨日の夜に『出てけ！』って追い出したんだ。そしたら、お前の部屋にいったようだな」

味噌汁を啜りながら、父は飄々《ひょうひょう》とそんなことを言う。

確かに父の寝室はMさんの部屋の隣だった。

そして、ちょうど父の寝室との間の壁にテレビを置いていた。

（じゃあ、一週間テレビが勝手に点いたのも）

Mさんは、自室を走り回る異様に背の高い女の姿を思い浮かべ、朝から食欲がなくなった。

「お前、見えなくてよかったな」

父は笑っていた。

カッパ淵

第六章　妖

天狗の腰掛け

E子さんはそのとき、農業の傍ら義祖父の介護をしていた。

秋が終わり、農閑期になると義父と旦那は、林業や除雪など冬に人手が欲しい仕事を頼まれることが多かった。

その年はちょっと変わった仕事を頼まれた。

山の頂付近にある岩をトラックで積み下ろす作業だった。

二人が岩下ろしの仕事をしている間、E子さんは義祖父の介護に専念した。

あるとき、寝たきりの義祖父がE子さんにこんな話をしてきた。

「昨日、夢の中に天狗さんが出てきた。私に向かって『オラの腰掛け返してくれ〜』って頼んでくるんだ。どういうことだろ」

E子さんはすぐに、旦那たちの岩下ろしの作業が思い当たった。

義祖父には二人が現在している仕事については話していない。

もしかして二人が下ろした岩の中に、天狗が腰掛けに使っていたものがあったのだろうか。

だからと言ってどうすることもできない。

どれがその岩なのか、もう分からないからである。

「だから、このことはそっと胸にしまうことにしました」

E子さんはそう私に打ち明けてくれた。

化け猫

震災復興ボランティアのために遠野に滞在していた男性の体験談である。

その男性は長期的にボランティアに従事していたため、遠野市内のアパートを一室借りて生活していた。

家財道具は必要最低限であったが、寝泊まりするためだけなら十分だった。

ある夜。寝苦しさを覚えて目が覚めた。

身体が重く動かせない。

いや、重いのは身体ではなかった。

布団だ。身に掛けている布団が普段の数倍も重く感じた。

布団の下敷きになっている身体は足の指すら動かせなかった。

自由に動くのは首から上のみ。

目を開けて、布団の上に目をやった。

猫がいた。

布団の真ん中。ちょうど鳩尾《みぞおち》の真上に猫が丸まっていた。

暗闇なので毛の色までは分からなかったが、シルエットは猫そのものだった。

（どっから入ったんだ、この猫。窓開けっぱなしにしてたっけ？）

猫をどかそうにも、身体が動かせない。

そのまま力尽きて眠ってしまった。


翌朝目が覚めると、昨夜の猫のことを思い出した。

慌てて部屋を見渡すも猫の姿はなかった。

窓や玄関など、出入り口になりそうなところを見回ったが、しっかりと施錠されていた。

夢だったのか。そう思って布団を畳もうとすると、掛け布団の真ん中辺りに、びっしりと猫の毛が付いていていた。

その日、ボランティアに出かけた男性は、周囲の人にこのことを話した。

「そりゃあ、お前。化け猫だ」
遠野の人たちはみんなそう言って笑ったという。

『遠野物語』には恐ろしい猫の話がある。
「明治のことであった。下組町《しもくみちょう》の箱石家の娘が、他家の男との間に子供を産んだが、直後に亡くなってしまった。箱石家では、その子供を引き取り育てることにした。箱石家の祖父は、この子供をとても可愛がった。毎晩、自分と同じ布団で抱いて寝るほどだった。
ある朝、祖父が目を覚ますと懐にいるはずの孫の姿がない。座敷を見渡すと隅のほうで死んでいるのが見つかった。どうやらこの家の虎猫に食い殺されたようだった。祖父はこの猫を警察に届け殺してもらおうとしたが、猫は見つからずそのまま行方知れずとなった。のちに、下組の愛宕山で見かけたという者も現れたが、二度と家族の前に姿を見せることはなかった」（『遠野物語拾遺』百七十五話）
この虎猫がのちに化け猫になり、遠野に長らく住んでいると想像するとこの少し微笑ましいと思えた体験談も、幾らか恐ろしいもののようにも思える。

『遠野物語』で紹介される説話には、想像の余地が残されている。「どうしてそんなことが起きてしまったの？　この男にはどういう意図があったの？」

そういった想像力を掻き立てて読んでみると、何通りにも楽しむこともできる。

子殺しの虎猫の話も、単に猫が赤子を噛み殺した話とも捉えられる。

でも、この話には子供の父親が明記されていない。

娘が身籠もったのは果たして人の子だったのか。

もしかしたら、この虎猫は「何か」から家族を守ったとも考えられないだろうか。

これは、筆者の単なる想像に過ぎないが、『遠野物語』のこうした面白がり方もあることを、皆さんにも知ってほしい。

一人で寝られるもん

今から五十年ほど前。Ｔさんが小学生だった頃の話だ。

その時代の遠野はまだ茅葺き屋根の家が多く残っていた。

Ｔさんの家も、昔ながらの茅葺き屋根の大きな家だった。

冬はとても寒く、目が覚めると布団の周りにうっすら霜が降りるほどだったとか。

物心付いてからは家族全員で、奥の座敷で川の字で寝ていたが、Ｔさんが小学校の高学年に上がったところで「そろそろ一人で寝られる年頃だろう」という話になった。

Ｔさん自身もそろそろ自分一人の空間が欲しいと思う年頃だったため、その日の夜から、表側の座敷に一人で寝ることになった。

一人で寝るには少し広い座敷の真ん中に、布団を敷いた。

襖《ふすま》を一枚隔てた向こうには他の家族が寝ているのだが、自分一人の空間を持てたことに胸が躍った。

初めのうちはドキドキして眠れなかったが、夜が更けるとともに自然と眠ってしまった。


夜中、ふと目が覚めた。

家族で寝ていた座敷の天井とは違う、表座敷の天井が見えた。

(あ、そうだ。今日から一人で寝ているんだ)

思い出して、また一際誇らしい気持ちになった。

ニヤニヤしながら、天井を見つめていると、あることに気が付いた。

足元のほうの天井がぼんやりと明るくなっていた。

何だろうと首を起こして足元に目線をやった。

部屋の角の柱が青白く光っていた。

初めは戸の隙間から、外を通る車のヘッドライトが差し込んでいるのかと思った。

しかし、柱の根本から天井までが均一に光っていることと、途切れることなく光り続けている様子から、そうではないことが分かった。

その事実が分かった途端ゾッとして頭から布団に潜った。

怖い。今すぐに座敷を飛び出して、家族がいる隣の部屋に駆け込みたかった。

でも、たった一晩も一人で寝られなかったとなったら、家族に笑われてしまう。

(もう一度、見てみよう)

意を決し布団から顔を出すと、もう一度足元に視線をやった。

先ほどの柱は光っておらず、いつも通りの暗い柱になっていた。

しかし、今度はその隣の柱が、上から下まで青白く光っていた。

(え？　光る柱が変わっている？)

再び布団に潜ったTさんは、ドキドキする胸を落ち着かせながら、今見た光景を思い出した。

怖いもの見たさもあったのだろう。何度か布団から顔を出しては部屋を見渡し、光る柱の位置を確認した。

柱はTさんの足元のほうから順番に左右交互に光っていった。

最後に見たときは頭側の柱が光っていた。これで全ての柱が光ったことになる。

次、顔を出したらどうなっているのか。まさか、全部の柱が光っていることはないだろう。

ここまで来るとTさんには「光る柱の謎を解き明かしたい」という気持ちが芽生えていた。

さて、どうなっているか。

布団から顔を出すとそのまま頭上の柱を見た。

左右どちらも暗かった。

(じゃあ、また足元の柱が光っているかも)

首をそのまま足元のほうへ向けた。

しかし、そこに待ち受けていたのは思いもよらないものだった。

お腹の真上に、男の子が浮かんでいた。

Tさんより少し幼いだろうか。着物を着たその子は、宙に浮かびながらTさんの顔を覗き込むように身を乗り出していた。

そして、ニンマリと微笑んだ。

うわーーーーーーーー。

思わず叫ぶと、布団から飛び出し隣の部屋に駆け込んだ。

寝ていた両親を叩き起こすと、見たことをしどろもどろになりながら説明した。

「お前、そりゃ寝ぼけたんでしょ」

母は信じてくれなかった。

「一人で寝るのがまだ怖かったなら、素直にそう言え」

父はそう言って笑った。

(そうじゃないのに)

そう思いながらも、Tさんはそれから半年ほどは、再び家族と同じ部屋で寝たそうだ。


「きっと、あの家に住む座敷わらしが、一人で寝始めた私をからかいに出てきたんだと思います」

Tさんははにかみながら、話してくれた。

人攫い

昭和の始め頃に起きた出来事である。
K家は土淵村の中でも、一際大きい農家だ。家の前には大きな川が流れていた。
そこの若夫婦に待望の長男が生まれた。
ある日のこと。
母親は家事に精を出していた。
一通り家事を済ませると、我が子が寝ている表座敷の襖を開ける。
すると、そこに寝かせていたはずの赤子の姿がない。
慌てて布団をめくってみても、押し入れの襖を開けてもどこに見当たらない。
動転した母親は、すぐに夫にこのことを伝えた。
「落ち着きなさい。赤子がそんな遠くへ行ける訳ないだろう」

「で、でも……」

「私もお前も家にいたのだから。誰かが攫《さら》ったのなら気が付くはずだよ」

「ええ、そうね。何度も襖を開けて確認したもの。ほんのちょっとですよ。目を離したのは」

「まずは家の外を探してみよう」

夫婦と祖父母は家の敷地内を隈なく探したが、手掛かり一つ見つけることはできなかった。

「まさか、川に落ちたんじゃないだろうな……」

いつもは心地よく感じる川のせせらぎが、一際残酷に響き渡る。

近所にも事情を説明すると、集落の皆々が捜索を手伝ってくれた。

「いねえ」

「いねえ。うちの納屋も見たけどいねかったぞ」

「こっちにもいねえ。おまえんとこの厩《うまや》は見たか」

「みたず。いねかったは」

「どら、家の裏の薮も見てみるべ」

そうこうする間に、日が暮れかけてきた。

父は藁にもすがる思いで、近所の寺の住職に相談した。

「どおれ、見てみるか」

住職は本尊の前で、ごにょごにょと念仏を唱え始めた。

そしてしばらくしたのち、くるりと父親のほうへ向き直り、

「安心せい。赤子は生きておる。あんたの家の前の川を、上流に向かって探してごらんなさい。そこに赤子はおるわ」

住職はそういうと、両手を素早く動かし、何か印を結んだ。

「不動の術だ。これで赤子は今いるところから動けまい。早くいっておやんなさい」

住職に従い、村人たちは川辺を上流の山に向かって登っていく。

「本当にこんなところにいるんだか」

「住職さんはいるって言ったず」

「だーれがこんなとこまで連れてきたんだ。赤子一人じゃ無理だろ」

「そりゃあ……山男か、山姥か」

「それこそ遠野物語じゃねえか」

「ちょっとまて。これ、泣き声じゃねえか」

「ほんとだ！　赤子の泣き声だ」

甲高《かんだか》い赤子の泣く声は薮の奥から聞こえる。

「ほら、向こうだ。お前、早くいけ」

「そういうお前がいけ」

村人たちは薮の中に入ろうとしない。ここは大蛇が出ると噂の山だったからだ。

「ええい。どけ！」

後ろから追いついた父親は、薮を掻き分け我が子の声がするほうへ分けいった。

無我夢中で草を掻き分けていると、突然にぽっかりと開かれた野原に辿り着いた。

その真ん中には、父親の背丈ほどの岩が一つある。

その岩上に赤子がちょこんと座っており、精一杯泣いていた。

駆け寄り息子を抱き上げると、その身体には無数の蟻が這いずっていた。

「おお。おお。かわいそうに。坊主の術で蟻を払うこともできなかったか」

結局、何がどうしてK家の息子が、山の中にいたのかは分からずじまいだった。いつのまにか「あそこの童っこは、あの川に住む河童に攫われたんだ」と口々に噂されるようになり、そういうことになった。

私にこの話を聞かせてくれた男性は現在、六十歳後半。

幼い頃、見知らぬおじさんを、

「この人は子供の頃河童に攫われたんだよ」

と父親から紹介されたことを、今でもはっきりと覚えているそうだ。

モンコ（六）

Ｋさんの実家が檀家になっている寺のお祖母様《ばあ》が正月に亡くなった。

檀家たちが寺に集まって、葬儀について打ち合わせをしていた。

「うちは正月早々喪中になってしまいましたが、檀家の皆さんはせっかくの正月ですからゆっくりしてください。葬儀などは松の内が明けてから行いたいと思います」

住職さんがそう説明したときだった。

パーーーーン！

隣の部屋から何か弾けたような音が響いた。

慌てて皆で様子を見に行くと、飾ってあった鏡餅が粉々に砕けていた。

第七章　狐と稲荷

何か不可思議な体験をした結末を「狐に化かされたんだ」と締めくくろうとする人がいるのは、遠野に限らずどこの地方でも「あるある」なのではないだろうか。『遠野物語拾遺』には、狐にまつわる話が二十話程度収められている。よくある酔っ払いが狐に騙され持っていたものを奪われたものから、死人のふりをして夜更けに姿を現すものまで多種多様な話が紹介されている。

中にはちょっと恐ろしい話もある。

「遠野町に住んでいた菊池伊勢蔵という大工が、仕事で土淵村へ行ったときのこと。その日は棟上げの式があり、伊勢蔵は酒に酔っていた。町への帰り道、八幡山のところまでくると『ここらには昔から利口な狐がいると聞く。もし本当にいるなら泣いてみせろ。そしたらこの魚をやろう』と式でもらった魚を振り回した。すると、脇の林の中から狐の鳴き声が聞こえた。伊勢蔵は『本当にいるんだな。しかし魚はやらないから、欲しければ俺から取ってみろ』と狐を煽《あお》った。その後、八幡宮の鳥居まで来た伊勢蔵は、小用をたしに路肩の畑に入っていくと、いつまで経っても帰ってこなかった。おかしいと思って同行者が様子を見に行くと、半死半生の姿で溜め池に突き落とされていた」(『遠野物語拾遺』二百五話)

また、狐を眷属《けんぞく》とすることから結びつけられるのが、稲荷神社や稲荷社だ。これにまつわる出来事と狐の怪異が一緒になって語られることも多い。

遠野は冷害により稲が育たないことが度々あり、大規模な飢饉も何度となく起きている土地である。稲の実りを祈るためだろうか、各家庭の庭に稲荷社が置かれていることが多いことも特徴かもしれない。

そうした稲荷社を粗末に扱ったばかりに「狐憑き」に合う話なども、幾つか取材したことがある。

Mさんのお父さんは幼少期に狐憑きになったという。家族が家の庭にあった稲荷社を「もう祀《まつ》らなくなったから」という理由で取り壊してしまった。その日の夜から、父は四つん這いで歩き回り、天井に届く高さまで飛び跳ねたそうだ。近所に住むオガミサマに相談したところ「稲荷社を壊したからだ」ということで、新しく建て直したところ、父の様子は元に戻ったという。

時には人を騙し欺き、時には自尊心を持って人を懲らしめ、あるときは神の使いとして祟りをもたらす。この章では、そんな狐にまつわる遠野の話を紹介する。

道端の男

残業で遅くなったBさんは、疲れた目を擦《こす》りながら家へと車を走らせていた。

家に帰ったらまずはビールだ。

その一杯を楽しみに仕事をしていた。

あと少しで我が家、というところまで来てギョッとした。

道端に人が倒れている。

「見間違いであってくれ」と、スピードを落とし近づいた。

見間違いではなかった。男性らしき人が道端にうつ伏せで倒れている。

一人で様子を窺うのは怖かったBさんは、目の前にある自宅に駆け込み姉を呼び出した。

姉と二人で先ほど男性が倒れていたところまで急いで駆けつけた。

しかし、そこには先程の人の姿はなかった。

「何、誰もいないじゃない」

姉が疑いの目を向けてくる。

「いや、嘘じゃないんだって。ここに男の人が……」

しどろもどろになりながら姉に状況を説明していると、道端の繁みから狐がポーンと弧を描き飛び出してきた。

狐は少し遠ざかると、こちらをくるりと見返した。

そしてBさんの目には確かにニヤッと笑ったように見えたそうだ。

「あんた、狐に騙されたんじゃない」

姉にそう言われ、すっかりビールを飲む気も失せてしまった。

狐憑きになったら

「学年に一人くらいは狐憑きになる子がいるじゃないですか」

Nさんは、さも当たり前かのようにそんなことを言ってきた。

私よりも五つ程年が若い方である。

「僕の周りには一人もいなかったけどね」

狐憑きになった知人がいることが多数派ではないことをやんわりと伝えた（しかしこの後、私は仕事で知り合った人が、かつて狐憑きになったことがあると聞くことになる）。

「え。じゃあ見たことありませんか。民家の屋根の上におもちゃが乗っているの」

どういうことか訊ねると、こういうことだった。

「狐憑き」というのは、子供の魂が身体から飛び出し、そこに別の魂が入ってしまっている状態を指すのだという。Ｎさんの地域では子供がそういう状態になると、飛び出した魂を呼び戻すために、その子が一番好きなおもちゃを屋根の上に載せて、戻ってくるための目印にするというのだ。

「以前、珍百景じゃないですけど、観光客が意味を知らずにその様子をＳＮＳで拡散しちゃったこともあるみたいで」

確かに民家の上におもちゃが乗っていたら好奇の目で見てしまうかもしれない。

「Ｎさんの周りには狐憑きになった人はいたの？」

「子供ではいなかったと思うんですけど」

近所に「狐憑きになったおじさん」がいたという。

その人は、理由は分からないが稲荷社の狐を集めることに執心していたらしく、自宅は狐の置物で溢れていたそうだ。

小学校からの帰り道、ぶつぶつと何かを喋りながら一人歩いてくるそのおじさんの姿がいまだに忘れられないという。

光る道

遠野市には水光園という公共浴場がある。

仕事終わりに水光園で汗を流してから帰宅することがYさんの日課だった。

広い浴槽で足を伸ばしてリラックスし疲れを癒す。それが何よりの活力になった。

その日も大きなお風呂で身体の芯から温まった。

水光園から街場に帰るには、長い坂を下っていかなければならない。

湯上がりのウキウキとした気分でハンドルを握った。

坂を下り切ったところで左折すると街場へ続く道が伸びている。

これがいつもの帰宅コースだった。

しかしその日は左折の直前、運転席の右側に広がる風景にYさんの視線は奪われてしまった。

本来であれば、そこには山へと続く暗く細い道が伸びているはずだった。
そのとき視界に入ったのは、燦然《さんぜん》と輝く光のアーケードだった。
今の時代で例えるなら、丸の内のイルミネーションのような美しい光景だったという。
道の両脇から天に向かって、幾つもの光の玉がキラキラと輝いていた。
「きれい……」
今まで見たことのない美しい景色に、Yさんは思わずハンドルを右に切った。
光のアーケードの下をゆっくりと走り抜けるのは何とも言えない心地だった。
ここが天国かと思うほどだった。

次の瞬間、Yさんは真っ暗闇で目を覚ました。
ふと気が付くと、車はどこかで止まっていた。
光の下を走っていたところからここまで、記憶が抜けている。
(やだ。私居眠り運転でもしていたの？　怖いわ。一先ずここはどこかしら)
車のエンジンをかけ、フロントライトを点けて驚いた。

目の前はこれ以上進めない獣道になっており、行き止まりの状態だった。

助手席側を見ると崖になっており、車一台がやっと走れるほどの細い道に停まっているることが分かった。

(ここはどこなの。何で私はこんなところにいるの)

状況が飲み込めず、とてつもない不安に駆られた。

もう一度助手席側の窓から崖下を見ると、本来辿り着くはずだった街場への道路が遥か下に走っていた。

(落ち着いて。あそこまで降りればいいのね)

呼吸を整えると運転席側の扉を少し開け、法面《のりめん》との距離を測りながらゆっくりとバックで下がっていく。

(落ちないように、落ちないように)

バックミラー、両方のサイドミラー、目視での確認。

ありとあらゆる視界情報を駆使し、少しずつ下がった。

三十分ほどそのまま下がり続け、集中力も限界を迎えた頃に道幅が急に広がり、何とか車体の向きを変えることができた。

その道を下っていくと、自分が最後右折してしまった細い道に続いていた。

無事に帰ってこられたことに安堵したが、お風呂の帰り道だったはずが、余計に疲れてしまった。

(こんな不思議なことが起きるなんて。きっと狐に化かされたんだわ)

自分をそう納得させたものの、誰かに共感してもらいたかった。

「こんな突拍子もない話を信じてくれるのか、馬鹿になったと思われるかもしれない」そう考えると、家族にも相談できず溜め込んでしまった。


翌日、どうしても誰かに聞いてもらいたくなったYさんは、予約していた歯医者の待ち時間に受付の女性にこのことを打ち明けた。

「水光園前の坂道ですよね。あそこ、よく不思議なことが起きるらしいですよ。うちのお客さんでも、変なことが起きたって報告してくれた人が他にもいます」

受付の女性はあっけらかんと答えた。

「何だ、私だけじゃなかったのね」

これを聞いてYさんは、やっと心から安堵したという。

欠ノ上稲荷のご利益

遠野の市街地の東側にある小高い丘。その頂上にあるのが欠ノ上《かけのうえ》稲荷神社である。この神社は歴史が深く、建立されたのは文禄年間（一五九二～一五九五）であると言われている。当時、遠野を治める阿曽沼《あそぬま》氏に仕えた家臣・欠下茂左衛門が、旧領である石巻《いしのまき》から勧請したのだそうだ。最初は丘の中腹にあり、勧請した欠下から名を取り、「欠ノ下神社」と名付けられたようだが、享保十二年（一七二七）に、現在の丘の上に遷座し、そのときに名を「欠ノ上稲荷」と改めた。

境内からの眺めは見晴らしがよく、遠野の街を一望することができる。

この欠ノ上稲荷神社にまつわる話を、遠野在住のHさんという古老の方から聞かせていただいた。とても貴重な話であるので、まとめて残したい。

Hさんのお母様の体験談

Hさんの話から推測するに大正〜昭和初期にかけての出来事だと思われる。

あるときHさんの父と母は些細なことで喧嘩をしてしまった。

母は怒りに任せ家を飛び出し、実家のある釜石方面を目指して一人歩いていた。

夜分のことである。考えなしに家を出たものの、女性が一人で歩くには危ない時間であった。

家を出てすぐに、欠ノ上稲荷神社を見上げられる場所に来たところで、手を合わせて「無事に実家まで帰れますように」と祈った。

実家に辿り着くには、険しい笛吹《ふえふき》峠を越えなければならなかった。

峠に差し掛かったところで心寂しく歩いていると、脇道から体格の良い屈強な男が歩いてきた。

「この時分に女性一人でどこまで行くのですか」

「実家のある片岸《かたぎし》まで行かねばならないのです」

「それならばちょうど良い。私も同じ方向です」

男は途中まで一緒に歩いてくれることになった。

男は母に歩調を合わせるかのように一歩先を黙々と歩いてくれた。そして、朝日が昇る頃に峠を越えることができた。

男は「私はこちらなので」と一言断ると、脇道のほうへ消えていった。

母は無事に実家に辿り着くことができた。久々に地元に戻ってきた懐かしさもあり、近くに嫁いだ姉の顔を見に行った。

姉に出迎えられ夫婦喧嘩の愚痴などを言っていると、この家のお婆さんが会話に混ざってきた。このお婆さんは八卦を置く人（＝占いを職とする人）だったそうで、母に向かって「あなた、ここに来るとき、誰かと一緒に峠を越えてきたんじゃないかい」と訊ねてきた。

母はびっくりして昨夜の出来事を話すと「それは欠ノ上稲荷の神様のお使いだったのよ」と言われたそうだ。

そこで母は、改めて欠ノ上稲荷の方角に手を合わせ、お礼を伝えたのだった。

Hさんの父の体験談

Hさんの父は終戦間近になり帝国海軍に徴兵され、戦地に物資を輸送する船に、水兵として駆り出されていた。

それは釜山《プサン》から新潟港に帰港途中だった。

間もなく入港する直前に敵の潜水艦から攻撃を受けた。向こうは幾つもの魚雷を放ち、その雷跡が船の上から見ることができた。

魚雷に当たらぬように舵を切り、何とか逃げ切ろうとした船は、運悪く浅瀬に乗り上げ身動きが取れなくなってしまった。

魚雷が一直線に船を目掛け迫ってくる。

誰もが「もうだめだ」と諦めかけたとき、父は「欠ノ上稲荷様、お助けください」と強く願った。

すると、魚雷が船に当たるわずか手前で、突然と自爆し難を免れることができた。

父は無事に遠野まで戻ってくると、命を救ってくれた欠ノ上稲荷へ熱心に参拝を続けたそうだ。

欠ノ上稲荷の霊験

これはHさん自身も伝聞で聞いた話だという。

大正から昭和にかけて、Nさんという方が欠ノ上稲荷の宮司を務めていた。

そのN宮司には不思議な力があったという。

季節や天候に拘らず、境内に現れる狐の鳴き声の様子で、街で火事が起きることが予知できたという。何でも火事が起きる日は、いつもと違い狐が騒ぐように鳴くのだそうだ。

この力を市民のために使えないものかと考えたN宮司は、欠ノ上稲荷が小高い丘の上にある地形を利用して、市民に火災予防の注意を促すことを思いついた。

狐が騒ぎ鳴く日には、街から見える目立つ位置に赤色灯を灯すことにしたのだ。

赤色灯が欠ノ上稲荷に灯るときは火事に注意せよ。

この警報は次第に遠野の市民に知れ渡った。

時代は戦前である。

時の町警察は、N宮司の個人的な火災予防活動を「人々を扇動する行為」とみなし、法律違反の疑いで警察署に勾留し尋問を行った。

そして赤色灯を撤去し、二度と同様の行為を行わぬように言いつけた。

その後すぐ、このときの警察署長の夫人が精神に異常を来し自殺してしまった。そして署長自らも急病により逝去したという。

欠ノ上稲荷の神を怒らせたとでもいうのだろうか。


欠ノ上稲荷は、現在も小高い丘の上から遠野の町を見下ろしている。

『遠野物語拾遺』一八九話にも登場する。

「安政の頃。ある夜、遠野の裏町にいた木下鵬石という医者の元へ一人の男が訪れる。遊田家に急病人が出たので診療にきてほしいと言う。早速様子を見に行き、薬を置いて帰ろうとすると、病人の老人が謝儀として一封の金を渡してくる。

翌朝、病状が気になった鵬石が再び遊田家を訪れると、同家では何のことか分からないと言う。病人のはずだった老人もいたって元気であった。不思議に思って家に帰り渡された一封を開いてみると、そこには確かに一朱金が二枚包まれていた。

その病人は恐らく懸ノ稲荷様だったのだろうと人々は噂をした」というものだ。


欠ノ上稲荷神社への参道は二つあり、遠野小学校の裏手から大日山日枝神社（寺であった名残で今でも山号付きで呼ばれている）の前を通る道と、正規の参道であるようだが、草が生い茂り通れなくなっている道とがある。

かつては市街の商店街の旦那衆から篤い信仰を受け、敷地内に展望風呂まであったそうだ。今では参拝客が減ったためか、静寂の広がる境内裏手には、家などで祀り切れなくなった幾つもの稲荷社が置き去りになっており、寂しさを醸し出している。

この神社には神に願い事を託す方法がある。

境内に置かれた赤色の布に願い事を書き記し、鈴緒に結びつけるというものだ。

そして、願いが叶ったら再び神社を参詣し、今度は白い布に御礼を書き鈴緒に結びつけ感謝の意を表す。ここまでがワンセットになっている。

神社の霊験は紹介した通りである。

是非皆さんには遠野まで、赤い布に願いを託しに訪れてほしい。

そして願い事が叶った際は、再び遠野を訪れ白い布を結びつけることを忘れないよう気を付けていただきたい。

トリコナ

「小田切さん。私、トリコナがあるんです」

仕事で付き合いのあるKさんが、飲み会の席で話しかけてきた。

「トリコナ？」

突然の告白だったため、脳内で言葉を認識できない。

「聞いたことありませんか？　イタコさんに本名とは別に名前を付けてもらうことで」

そこまで聞いたところで、Kさんが言っているのが「取子名」のことだと思い当たった。

「取子」というのは、生まれた子が病弱だったりした場合、神職や巫女から本名とは別に名前を付けてもらい神の子とみなすことで、無事成長するまで邪気を遠ざけるという風習である。「取子名」というのは、そのときに付けられる名前のことだ。

『遠野物語拾遺』二四八話に「取子名」についての記述がある。

「生まれた児が弱い場合には、取子にして、取子名を付けてもらう。一生の間、取子名ばかり呼ばれて、戸籍名のほうは人がよく知らぬということも往々にあった」

Kさんは生まれつき病弱であった。風邪のような症状がよく現れ、その度に病院に見せて薬を飲ませてもなかなか良くならない。

これに悩んだ両親は祖母の紹介を受け、遠野の街中に住むイタコに見てもらった。

「この子は生まれつき悪いものを引き寄せやすいみたいだね」

イタコが言うがまま簡単なお祓いのような儀式をすると、Kさんの風邪のような症状はすぐに治った。

その後イタコの勧めを受け、取子名を付けてもらうことになった。

取子になるということは、単に名前を付けてもらうだけではない。

盆と正月には必ずイタコの家を訪れ、儀式を行ったのちにイタコと一緒に食事を摂ることで、家族であることを示す必要があった。

Kさんは中学校を卒業するまで、この取子としての義務を務めあげた。

それまでは体調を崩す度にイタコの元を訪れお祓いをしてもらっていたそうだ。

そうすると、薬では治らない風邪のような症状が不思議と治ったという。

「イタコに守ってもらっていたんですかね」


これはKさんが小学校三年生の頃の出来事だ。

学校からの帰り道、家の目の前まで辿り着くと、道脇に何かが落ちているのが目に入った。

近づいてみると、それは一対の白狐の置物だった。

（これ、うちの庭の社《やしろ》に飾ってある置物だ！）

Kさんは自分の家のものだと思い、それを拾い上げると庭の社の前に飾った。

その夜からKさんの様子がおかしくなった。

Kさん自身はそのときのことを覚えていないそうだが、後から親に聞かされた。

普段は活発でお喋りなKさんが、一言も喋らなくなった。

夜御飯にも手を付けようとせず、家族が話しかけても視線をそらし黙り込む。

娘の様子を見て心配になった両親は、次の日イタコに見てもらった。

「これは、お稲荷さんの狐が憑いているね」

イタコはKさんを見て言った。

「お宅の庭に稲荷社があるだろう。何でだろう。そこにお稲荷様が二柱いるね。でも、お供えものは一柱分しかあげてない。それに怒ったお稲荷様が、この子に狐を憑けて『二体分のお供えをするように』訴えているのよ」

「お稲荷様が二柱いる」

両親は何のことか分からぬまま娘を連れて家に帰った。

同居する祖父母にこのことを話すと、明らかに祖父の顔色が変わった。

「お祖父ちゃん。何か知っているんですか？」

問いただすと、祖父は家族に隠していた秘密を話し始めた。

Kさんの家は、分家筋に当たる家系だった。

最近になって本家を継いだ当主が「時代遅れだから、稲荷信仰をやめる」と言い始めた。

本家の社を壊すと聞いた祖父は、慌てて御神体と白狐の置物を預かると、家族には内緒で自宅の社にこっそりしまっておいたのだという。

状況を理解した家族は、すぐに社に二柱分の供物を捧げた。

するとすぐにKさんは、いつものように喋り始めたそうだ。


「中学を卒業したときに、取子の関係も終わりました」

私とそんなに歳が離れていないKさん。つまり、これは二〜三十年前の出来事ということになる。

残念ながらお世話になったイタコさんは、既に亡くなられているとのことだったが『遠野物語』に載る風習が、つい最近まで残っていたことに驚きを隠せなかった。

この話の締めくくりとして、遠野市のお隣にある住田町《すみたちょう》の町史から引用したい。

「取り子親になった側でも、それがために家のだれかが早死にするという俗信があった。それは、虚弱な取り子が丈夫になる代償として、その家の者が代わって弱くなる、と考えられたためである。いずれにしても、取り子親は、精神的にかなりの負担を負わねばならないと信じられていたのである。

取り子としての神霊は、たとえ『願払い』の時期が来て丈夫になり、仮の親子の縁が切れたとしても、その人一代が終わるまで消えることはなく、つきまとうという」

モンコ（七）

Sさんの趣味は海釣りだ。

遠野は沿岸地域にアクセスがしやすく、大槌《おおつち》・釜石・大船渡《おおふなと》など豊富な海釣りスポットに気軽に行くことができる。

その日は友人と二人、朝から釜石に釣りに出かけていた。

昼まで粘りそこそこの釣果が得られると、昼食を摂ってから遠野へ戻ることにした。

当時、釜石と遠野を行き来するには、旧仙人峠道路を通らなくてはならなかった。

急勾配に加え急カーブが連続し、交通事故の多発する道路だった（現在も走行可能）。

遅めの昼食を終えたSさんたちは、釣果について語り合いながら遠野を目指した。

非常に険しい道である。急ぐ理由もないので、法定速度でドライブを楽しんだ。

ふとルームミラーを見ると、後方から猛スピードで近づく一台の黒い車が見えた。

（危ないな、ああいう車が事故るんだよ）

てっきりそのまま追い越していくかと思いきや、その車はSさんの運転する車の後ろにピッタリとくっついた。

すると車間距離をギリギリまで詰めたかと思うと急に離れたり、再び近づいてきたところで蛇行運転を始めたりと「煽り運転」を始めた。

（うわ、最悪。変な奴に絡まれたな）

しかし、事故が多発する道路である。Sさんはスピードを上げることなく、向こうが飽きて追い越していくのを待った。

しばらくすると、やはり飽きたのだろう。車は反対車線に入り、追い越していった。

どんな奴らだろうとSさんは通り過ぎていく車とスピードを合わせて横を見た。

運転席には若い男、助手席には若い女が座っており、後部座席から男が一人身を乗り出し、運転席と助手席の間から顔を出していた。三人ともやけに楽しそうに笑っているのが印象的だった。

「浮かれているな、あいつら。今から北上《きたかみ》にでも遊びに行くんじゃない」

友人は呆れて笑っていた。

自分たちを追い越していった車は、あっという間に見えなくなった。

十分ほどそのまま車を走らせていると、事故が起きやすいと言われている仙人トンネルの入り口付近で、交通規制がかけられていた。

どうやら実際に事故が起きたようで、一時通行止めになっているようだった。

「ツイてないなー」

遠野に戻るにはこの道を通るしかない。引き返す訳にもいかなかった。

通行止めが一刻も早く解消されることを願うしかなかった。

二十分ほど待ったところで、ゆっくりと車が進み始めた。

警察の交通誘導に従ってゆっくり車を進めながら、事故現場の横を通り過ぎる。

トンネル手前の急カーブ。曲がり切れず壁に激突したのだろう。前方がぺっちゃんこになった黒い車が停まっていた。

「おい、あの車。さっき俺たちを煽っていた車じゃないか」

友人に言われ、事故車のナンバープレートを見た。

確かに、さっき自分たちを追い越していった車と同じナンバーだった。

「やっぱりアイツら事故ったんだ！」

友人は、どこか納得したように頷いている。

でも、Sさんには納得できないことがあった。

「おかしくないか？　さっき俺たちを追い越した車だぞ。事故を起こしたとしても、こんなに警察とか救急、消防の車両が既に来ているなんて。幾ら何でも早すぎないか」

ここは地域的には、釜石市である。

仮に警察車両が駆けつけたとしたら、釜石市内からSさんたちを追い越していないとおかしい。

「でも、あれは確かにあいつらの車だよな」

二人は釈然としないまま、凄惨な事故現場を見たショックもあり、引きつづき安全運転で車を走らせた。

その夜のこと。

夜中にSさんの元へ兄から電話がかかってきた。

『おい、お前今日釜石に行くって言っていたよな。帰り道、大丈夫だったか』

「通行止め食らったけど、大丈夫だったよ」

兄は消防隊員だった。あの事故の処理を手伝っていてこの時間まで残業していたという。

そこでSさんは、今日見たことを兄に話した。

事故を起こしたらしい車がその直前に自分たちを追い越していったこと。

事故が起きた後、ありえないスピードで警察などの車両が事故処理をしていたこと。

矢継ぎ早に話し終えると、それまで黙って聞いていた兄が話し始めた。

「お前、そもそも一つ大きな勘違いをしているぞ。あの車が釜石方面から遠野方面に向かって走っているときに事故を起こしたと思ってないか？」

兄は何を言っているんだ。

自分たちを追い越していったんだから、それは当たり前のことだろう。

「違うんだよ。あの車に乗っていたのは、釜石の子たちだったんだ」

事故車の乗員はあの日朝から北上へ遊びに出かけ、昼過ぎに釜石へ戻る途中に事故を起こしたとのことだった。

「じゃあ、俺たちを追い越した車とは別の車だったってこと？　ナンバーが一緒だったのは単なる偶然か」

世の中には、そんな稀有《けう》なこともあるものなのか。とSさんは腑《ふ》に落ちた。

「いや、お前が見た車は事故を起こした車で間違いない、と俺は思う」

兄の一言が余計Sさんを混乱させた。

「お前言っていただろう。運転手は男、助手席に女。後部座席から前に身を乗り出してもう一人男がいたって。それ当たっているんだよ」

事故を起こした人たちも全く同じ形で乗車していた。

「事故の衝撃でさ、後部座席の男、前にポーンって飛ばされたらしくて。フロントガラスから首だけ突き抜けて。頭が取れて峠の崖下に落ちちゃってさ」

兄たちはその頭部がなかなか見つからずに残業をしていたのだという。

「つまり、俺たちを追い越していった車に乗ってたのは、直前に事故で死んだ三人の姿だったってこと？」

「分かんないけど。そうじゃないかなって」

アイツら、一番楽しかった瞬間を今でもずっと繰り返しているんだろ。

第八章　風習と信仰

その土地ならではの風習というのは、どの地域にも少なからず存在するだろう。

私が実際に遠野に移り住み目の当たりにした独自の風習を、まず幾つか紹介したい。

一つは、お盆の風習である「ムカイトロゲ」だ。漢字で書くと「迎え灯籠木」となる。これは、亡くなった家族が盆に無事に家まで辿り着けるよう行う風習だ。家族が亡くなってから三回目の盆までは、屋根より高い棒の先端に杉の葉を飾り、白または赤の旗と提灯をぶら下げたものを庭先に立てて出迎える。

故人はこれを目印に家に戻ってくると信じられている。

『遠野物語』の序文にも記述があるこの風習は、実際に遠野を訪れた柳田国男にとっても、印象的な風景だったに違いない。

今でも遠野ではこの「ムカイトロゲ」を飾る風習は残っているため、お盆の時期に遠野を訪れれば見ることができるだろう。

また、遠野の特徴的な信仰としてオシラサマも紹介したい。

オシラサマは、主に東北地方全土で信仰されている民間神である。

多くの場合二体一対で祀られている木製の神様で、布で木の先端を覆った「包頭型」

と、露出した「貫頭型」がある。

『遠野物語』六九話にはオシラサマの起源となる物語が紹介されている。

「父と娘の二人暮らしの農家があった。娘は飼っていた馬を愛していた。ある夜、ついに娘と馬は結ばれた。これを知った父は怒り、娘の不在の間に馬を桑の木に括りつけ殺してしまう。馬の死を知った娘は悲しみ、冷たくなった馬の身体に縋りついた。父親はこれをみて更に逆上し、馬の首を斧で切り落とした。すると、娘は馬の首と一緒に天に昇ってしまった。オシラサマはこの娘と馬が神になったものである」

貫頭型には一体が馬の頭を、片方が娘の顔を模したものがあるのは、この話から起因しているのだろう。

遠野市立博物館が二〇〇〇年に実施した調査によると遠野市内（当時は宮守村合併前の旧市域）では六十三軒の家で、今もオシラサマを信仰していることが分かっている。

遠野のオシラサマは、祀っている家毎にその性質が異なる。

多くの場合は、養蚕の神、家の守り神、目の神、宣託をする神であり、様々な性質を兼ね備えている場合もある。地域内に生まれた子供は皆オシラサマの取子としていたところもあったという。

宣託をする神としては、イタコがオシラサマを用いて吉凶を占っていたようで、この様子は『遠野物語拾遺』七十九話に記載されている。

また、遠野のオシラサマは祟る神としての側面もある。

オシラサマを粗末に扱ったり、戒律を守らなかったりしたために口が曲がったり、家族が病気になったりしたという話も残されている。

「附馬牛村に竹原という老爺がいた。家ではオシラ神を祀っていたが、この神を祀るにはやってはいけないことが多すぎる。『鹿の肉を食うな』などやかましい。それならお前に鹿の肉を食わせてやると、老爺はオシラサマを鹿肉を煮る鍋に投げ込んだ。するとオシラサマは鍋より飛び上がり囲炉裏の灰に刺さった。これを見た家族は恐れて、神体を仏壇に納め崇めた。この家が火事になった際も、オシラサマは自分で家から飛び出して焼けず、今でもこの家で祀られている。

気仙の上有住（現在の住田町）の立花家にはオシラサマが祀られている。その家では鹿肉を食えば口が曲がるという戒めがあったが、それを破り鹿肉を食べた者の口が本当に曲がってしまった。とんでもない神様だと、怒って川に流すと、流れに逆らって上ってくるではないか。これを見た家人は、オシラサマにお詫びをして、家に持ち帰って拝んだが、曲がった口は戻らなかった」（『遠物語拾遺』八十一話より）

しかし、『上閉伊郡土淵村郷土教育資料』には、恐れ多くもオシラサマを戒めたお祖父さんの話が載っていた。

「橋本万之助氏の家ではオシラサマを代々祀っていたため、四足二足の肉を食べることが禁じられていた。万之助氏の祖父には子供がいなく、万之助氏の父は後から養子で家に入っていた。万之助氏が生まれたとき、久しぶりに橋本家に子供が生まれたということで、祖父は大変可愛がってくれたそうだ。

万之助氏が五、六歳の頃に重い風邪を患った。熱に浮かされる孫を見て、祖父は栄養を摂らせたいと思い、鶏の卵ならばオシラサマも許してくれるだろうと、食べさせた。

すると翌日、可愛い孫の口が右にひん曲がっていた。

これを見た祖父は大変怒った。オシラサマに向かって『こうして家族一同で拝んでいるのに、今まで守ってくれたことはあったか。卵一つ食べただけで、孫の口を曲げるとはもっての外だ。これほどの力があるのであれば、病を癒すこともできるだろう。

もし、孫を癒してくれるなら、これからも拝み続けるが、そうでなければ川に捨ててやる』と怒鳴った。

二日ほど経つと、万之助氏の病は無事に回復した。それから橋本家では、四足二足の肉を食べ、万之助氏の父に至っては狩猟を趣味としたが、祟られることはなくなったという。祖父の言葉がよほど響いたと思われる」

遠野の独自の文化や信仰はオシラサマだけではない。『遠野物語』には幾つもの興味深い多種多様な信仰の様子が紹介されている。

そして、その信仰や風習は形を変えながらも現在の人々に受け継がれている。

最終章はそんな現代の遠野にも残る、風習や信仰にまつわる話を紹介しよう。

同じ日に生まれた子

Eさんには同じ日に生まれた従妹がいた。

しかし、その存在を知らされたのは中学生になってからだった。

「あなたにはね、同じ日に生まれた従妹がいるのよ」

母親から突然告白された。

Eさんにとっては、寝耳に水。今まで親族の集まりに何度も顔を出していたが、それらしい顔に覚えはない。

「どうして今まで黙っていたの？」

何か訳ありなのかと、母親の顔を不安げに覗き込んだ。

「実はね……」

母親はこんなことを語り始めた。

母がEさんを身籠もったとき、父の兄の家でも子供を授かったことが分かった。

出産予定日が近く、どちらの家族も子供たちの誕生を楽しみにしていた。

同い年の従姉妹だったら、さぞかし仲良しになるはずだと。

すると、思いがけないことに二人は同じ日に生まれることとなった。

まさか誕生日まで同じになるなんて、と親族一同驚いていた。

しかし、祖父がこんなことを言い出したという。

「同じ日に生まれるとは、何て縁起が悪い」

どうやら一族では、同日に子供が生まれることが昔から忌むべきことと考えられていたそうだ。

だからと言って生まれてしまったものは仕方ない。

解決策として祖父が提案したのは、二人の子が無事に成長するまでは、お互いを会わせず、お互いにその存在を明かさないというものだった。

この話を聞いたEさんは心が浮き立った。

「その話をしてくれたってことは、私その子に会えるのね！」

母は悲しそうな目でこちらを見つめると、静かに首を横に振った。

「その子はね、三歳のときに海で亡くなっているのよ」

そう告げられたEさんは、自分の中にあった何かが突如として消えてしまったような、喪失感に襲われた。

その子の人生を背負わなければならなくなった宿命を感じ、その後の思春期はどこか暗い影が差してしまったという。


「同じ日に子供が生まれるのは縁起が悪い」

これはこの一族だけの風習なのだろうか。

この話を取材してから、度々遠野の人にこういった風習があるかを訊ねて歩いた。

すると、同じような話を聞いたという人と出会った。


Nさんが地域のお年寄りたちの健康促進を担う仕事をしていたときのことだ。

市内の各地区の公民館を周り、お年寄りたちを集め生涯学習や、健康のための運動や食についてのアドバイスをしていた。

土淵町の地区センターで同様の仕事をしていると、とても仲のよい二人の女性がいた。話を聞いてみると、実家が隣同士であるだけでなく年齢も一緒で、幼馴染みなのだという。

「誕生日も一日違いなのよ」

片方の女性がそういうと、

「でも本当は一緒でしょう」

もう片方がそう答えた。

Nさんがどういうことか訊ねると、その訳を聞かせてくれた。

二人の実家は隣同士で、家族ぐるみで仲が良かった。

そして、二つの家では同じ日に娘が生まれた。

しかし「同日に子供が生まれるのは縁起が良くない」と考えた家族は、片方の子供の出生届を一日遅らせて提出したのだという。

「だから、戸籍上は私が一日後に生まれたことになっているんだけど」

「本当は、同じ日に生まれたのよね」

二人は目配せしながら、仲が良さそうに話してくれたそうだ。

火伏

市街地にある下組町には愛宕神社がある。

愛宕神社は広く火防の神様として信仰されている。

下組町の愛宕神社は、遠野市街地が見渡せる丘の上に建てられており、元々は江戸時代に近隣で多発する火災を見張るために建てられた屯所があった。そこに瀬織津姫《せおりつひめ》を祀ったことが始まりとされている。

『遠野物語拾遺』六十四話にもこの愛宕神社が登場する。

「愛宕様は火防の神様と言われており、その氏子であった遠野の下組町辺では、五、六十年の間、火事が起きたことがなかった。しかし、あるときこの町内で失火が原因で火事が起きてしまった。『早く消火しないと』と慌てていると、町内にある大徳院の和尚が現れ、手桶の水を小さな柄杓で汲み水をかけ、あっという間に火を消してしまった。

翌朝、火元の家では大徳院に出向き和尚に礼を言ったが、寺のものは誰一人このことを知らなかったという。そこで初めて愛宕様が和尚の姿で火事を消しにきてくださったということが分かった」

これは下組町で区長を担当していたSさんの話である。

毎年愛宕神社の例祭は欠かさず行っていたのだが、人口減少や職業の多様化もあってか、次第に例祭の参加者が減りつつあることが悩みだった。

これまでは、曜日に関係なく神社の御縁日に必ず例祭を行ってきたが、参加者が集まらないことを考え、御縁日に一番近い土日にずらしても良いのではないかという意見が出た。

Sさんにとっては苦渋の決断ではあったが、その年から例祭を土日に開催することを決めた。

祭り自体は普段通りに行われ、土日ということもあってか近所の子供たちにも多く参加してもらえた。

しかし、その年は地区内で大きな火事が二件起きてしまった。

愛宕神社の例祭を御縁日からずらしてしまったからではないか。

Sさんはそう考え、次の年から日付を元の通りに戻したそうだ。

それからは地区内で火災は起きていない。


遠野のある地区では、三月に火防の祭りが行われている。

これが少し珍しいもので、地区の神楽団体が地区内の山間にある稲荷神社から順々に、各家庭の稲荷社を巡り「打ち鳴らし」という演目を演奏して回るというものだ。

この地区は稲荷社がある家庭が多く、一軒一軒を周り「打ち鳴らし」を奉納する。

既に空き家になっていて誰も住んでいない家でも、遠くから社に向かって演奏するそうだ。

ある年、三月中旬ではあったか大雪が降り大変な積雪となった。

火防の祭りを行う時期ではあったが、この積雪では難しいだろうということで、その年は開催を見送ったそうだ。

するとその年、その地区では大小程度の違いはあったが、火災やぼや騒ぎが多発したという。

「やはり、火防はやらなきゃないんだ」と口々に言ったという。

権現様

遠野市内には約六十以上の郷土芸能団体が活動している。各地区にしし踊りや神楽の団体があり、南部ばやし、さんさ踊りなどその種類も豊富である。

毎年九月に開催される「日本のふるさと遠野祭り」では、それらの団体が市街地に集結し、駅前の中央通りを練り歩く郷土芸能パレードが見もので、二日間で様々な市内の芸能を間近で見ることができるので必見である。

『遠野物語』一一〇話は、遠野の神楽には欠かせない権現様（ゴンゲンサマ）にまつわる話だ。

「神楽舞の団体毎にゴンゲサマという獅子頭によく似た木彫りの像がある。とてもご利益がある存在だ。新張にある八幡社の神楽のゴンゲサマと、土淵村字五日市の神楽のゴンゲサマは、かつて争いを起こしたことがあり、そのとき新張のゴンゲサマは負けて、片耳を食いちぎられ失ってしまった。今でもそのゴンゲサマは片耳がない。

ゴンゲサマのご利益は主に火防にあると言われている。八幡の神楽団体が昔、附馬牛村を訪れた際に、ある貧しい家に宿を取った。家のものはゴンゲサマ用にと五升枡を伏せて床に置き、その上にゴンゲサマを座らせた。

人々が寝静まった後に、ガツガツと何かを噛み砕く音がし始めた。驚いて皆起きると、軒端に火が燃え移っていたものを、枡の上にいたゴンゲサマが飛び上がりながら食い消していたという。

子供や病む人の頭を噛んでもらうと、治癒されるとも言われている」


権現様にまつわる現代の話を紹介しよう。

私の知人が所属するある地域の神楽団体では、数年前に権現様を新しく作り変えることになった。

いざ新しい権現様が出来上がったタイミングで、団体の代表者が突然倒れて入院してしまった。団体の人々は「権現様を作り変えたのが良くなかったのではないか」という話になり、古い権現様を手放すことなく二つとも管理しており、祭りや舞台毎に交互に使うようにしているのだという。


同様の話がもう一つある。

これは先ほどとは別の神楽団体の話である。

この団体でも随分と時代の付いた権現様の代替わりをすることになった。

古い権現様を職人に預け、全く同じ見た目に拵《こしら》えてもらった。

新しい権現様を受け取るとき、職人が「この権現様を彫り始めてから、恐ろしい夢ばかり見るようになった。気を付けてくれ」と言う。

新しい権現様を受け取ってからというもの、団体の練習所である地区の公民館では不可思議な現象が起きるようになった。

しきりに入り口の扉が開閉する音がする。しかし、誰も出入りしていないのである。

「きっと古い権現様が怒っているんだ」

そこで古い権現様と新しい権現様を二体並べて保存し、どちらも交互に使用することにした。

すると、公民館での不可思議な現象はピタリと止んだという。

祭りにて

市の観光団体で役職を務めるMさんは、市内各神社の例大祭や、イベント毎には来賓として声がかかる。

職務としてなるべくそれらには顔を出すようにしているという。

その日も、とある神社の例大祭に招かれていた。

朝起きたときは体調が優れていたにも拘らず、祭りに向かう身支度を始めたところ、途端に具合が悪くなってきた。

しかし、出席すると連絡した手前、直前の欠席は申し訳が立たない。

（一先ず顔を出して、途中で失礼しよう）

重たい身体を何とか奮い立たせて祭りに向かった。

神社では神事が行われるお堂に皆が集まっていた。

Mさんが案内された自席に着いていると、隣には見知った別の神社の神主が座っていた。

その神主がMさんを見るなり、

「はて、Mさんは申年でしたか」

といきなり干支の話題を持ちかけてきた。

「はい、そうですが。何か」

その神主が言うに、今日は申年の厄日だという。

その穢れを嫌ってか、Mさんが祭りに参加しようとしているので、こちらの神社の神様が好ましく思っていないとのことだった。

「具合、悪いでしょう。帰ったほうがいいですよ」

言われるがまま、神事が始まる前に席を立ち、自宅へ戻った。

家に着く頃にはあれだけ重かった身体は軽くなり、気分も優れ、いたって快調になっていた。

「神様に避けられることってのは、あるものなんだね」

妙に納得した面持ちでそう話していた。

博物館奇譚

「供養絵額」を御存じだろうか。

江戸時代末期から大正時代にかけて、遠野地方を中心に隆盛した供養文化である。

木の板に描かれた肉筆の浮世絵のような画風。

そこに描かれているのは「あの世ではこんなふうに、幸せに暮らしていてほしい」という願いが込められた故人の姿である。残された家族や友人が絵師に描かせ、寺社に奉納するのだ。

亡くなった家族が一堂に会し食事をしている風景のものもあれば、生前好きだった物たちに囲まれ一人幸せそうにしている姿のものもある。

故人の冥界での幸せを願う文化として、青森・五所川原《ごしょがわら》市の人形婚や、山形・村山地方から最上地方にかけてのムカサリ絵馬などが挙げられる。

遠野市街地にある善明寺《ぜんみょうじ》という寺には、江戸から明治にかけて奉納された十数枚の「供養絵額」を本堂に飾っており、事前に連絡すれば見学させてもらえる。

当時の遠野の人々の生活水準や商いの種類などを知ることができるため、歴史的な資料としても貴重なものだ。


さて、遠野市立博物館は、昭和五十五年に民俗専門博物館として開館した。近年では企画展「遠野物語と呪術」が話題を呼び、多くの人の耳に触れたことだろう。

遠野市立博物館には「供養絵額」の実物も二枚展示されている。

その他にも様々な民俗資料（ときに呪物）が保管、展示されているからだろうか。

稀に不思議な現象が起きているという。

ある日、受付の女性が展示室内を見回りしていた。

すると小学生くらいの男の子が、展示室の壁に向かって何やら独り言を呟いていた。

何をしているのかと、男の子に近づいていく。

「ねえ、何で泣いているの？」

男の子は繰り返し、何かに向かってそう訊ねていた。

「どうしたの？」

「この子がね、ずっと一人で泣いているの。どうしたのかなって」

男の子が指した場所には、人の姿は見えない。

「どの子のことかな」

「あそこに立っている子だよ」

指さすところには人の姿はない。

「そうなのね。でもきっと大丈夫だから、いこうね」

男の子を先の展示に促すも、何度も後ろを振り向き様子を窺っているようだった。

受付の女性は背筋が凍る思いをしたという。

他にも「赤い着物を着た半透明な女の子が遊んでいる姿を見た」や「入り口で男の子とすれ違ったのに、振り返ると誰もいなかった」など子供にまつわる体験談があるようだ。

遠野市立博物館に展示されている「供養絵額」の一枚は幼くして亡くなった童女のために奉納されたものである。

またオシラサマは子供好きな神様としても説話が残されている。

もしかしたら、こうした体験談とも関わりがあるのかもしれない。

こうした遠野の文化や歴史に深く触れたい方は、遠野市立博物館を訪れることをお勧めしたい。これまで紹介したオシラサマやオクナイサマなどの家の神様や、『遠野物語』に出てくる天狗の私物、座敷わらしが出ていったことで滅んだと言われている山口孫左衛門家の神仏像など、皆さんが好きそうなものがたくさんある。

皆さんも、ここで不思議なものと出会うことができるかもしれない。

耶蘇教

Sさんはかつて市内の火葬場の職員だった。

田舎町の火葬場では、人だけでなく様々な遺体を火葬するそうだ。

ペットの犬や猫はもちろんだが、馬、合鴨も頼まれて焼いたことがあるという。

火葬台に乗る遺体ならば基本的には何でも受け付ける。

その中でも印象に残っている件がある。

区画整理や道路工事などで、土地を掘り起こした際に出てくる土葬遺体の火葬だ。

何の記録もない土地を掘ると、割と高い割合で身元も分からない土葬遺体が複数出てくるのだそうだ。

こういった場合は、衛生面を考慮し一度火葬してから埋葬するのだそうだ。

殆ど骨や髪の毛だけでも一度火を入れるらしい。

その日も、市から土葬遺体が持ち込まれた。

その遺体群が出てきたのは、遠野の土淵町だった。

普段であれば粛々と火葬手続きを進めるのだが、皆が火葬を躊躇う理由があった。

土淵町は遠野の中でも、古くからのキリスト教信仰が確認されている地域だったからだ。

つまり、目の前の遺体は、単に土葬されたものではなく、宗教上の信条から土葬されたものかもしれないのだ。

『遠野市史』や前述の『上閉伊郡土淵村郷土教育資料』には、遠野でキリスト教の信仰が根付いたのは明治以降だと記載されている。

しかし、その以前より遠野には隠れてキリスト教を信仰している人たちがいたと言われている。

『遠野物語』八十四話にもその記述がある。

「佐々木喜善の祖父がまだ青年だった頃。嘉永の時代だろうか。岩手の沿岸部には西洋人がたくさん住んでいたそうだ。釜石にも山田にも西洋館が建っていた。船越の半島の突端にも西洋人が住んでいた。耶蘇《やそ》教（キリスト教）は秘密裏に信仰されており、遠野郷でもこれを信仰し磔《はりつけ》になった者もいた」

土淵町にある観光名所・河童淵の真横にある常堅寺《じょうけんじ》には、頭部にバツ印の付いた仏像があり、これは隠れキリシタンの信仰物だったのではないかと言うものもいる。

また『定本 附馬牛村村史』には、隠れキリシタンの存在に触れる記述もある。

「キリスト教信者は殆ど無いが、遠い国からの落人と伝える人たちの中にはキリスト教に対する迫害を逃れての落人では無かったろうかと思われるものがある。大洞を拓いて定着した菊池三左エ門、吉左エ門と云う兄弟がある。彼らは甲斐の国からの落人と云われるが、実は今の東磐井郡大原町から逃れて来たキリスト教徒であったことは確実な様である。その他、村内では家によって、葬式のときの一杯飯に立てる箸を普通二本揃えて立てるのを一本は横にして十字の形にするところがある。これはその先祖のキリスト信仰の遺風を、それとは知らずに受け継いでいるものであると云われる」

話をSさんの件に戻す。

もし宗教上の理由で土葬された遺体なのであれば、火葬をすることによって彼らの信条は守られなくなってしまう。

火葬場の職員と市役所の担当者で考え込んでしまった。

Sさんの同僚の女性は勘が鋭く、よく「視える」という人だった。

「早く焼いたほうがいいかも」

どうやら何か見えているようで、表情から「あまり関わりたくない」という様子だった。

「じゃあ、いつも通り焼いちゃいますか」

市役所の担当者も通常の手順通り火葬することで納得したようだった。

Sさん自身は、

「本当に焼いていいのかな」

と引っ掛かるところがありながらも、火葬の手続きを進めることにした。

火葬までの間、遺体を安置している部屋からは、何かが倒れるような音が鳴り響いたが、同僚の女性は決して様子を見に行くこともなく、Sさんが見に行くことも止めた。

「早く、早く」

そう急かすように呟いていたという。

結局翌日には、持ち込まれた遺体全ての火葬が終わった。

その日の夜、Sさんはこんな夢を見た。

気が付くと自分が火葬台の上に載せられている。

慌てて降りようとするも身体が動かない。

火葬台が勝手に動き出し、火葬炉の中に吸い込まれていく。

必死に逃げ出そうとするも声を出すこともできない。

炉の扉が閉まった。

あとは炎に包まれるだけだ。

「燃やされる……」

絶望した瞬間に目が覚めた。

その後、同僚の女性は職場を辞め、市の担当者は体調不良で休職し、そのまま別の部署へ異動となった。

「やっぱりあれ、キリスト教徒の遺体だったんじゃないですかね……」

火葬場で働き始めてからなぜか体重が落ちてしまい、辞めた現在でも体重が戻らないというSさんは、自分の胸の辺りを摩《さす》りながら俯きがちにそう言った。

自宅の稲荷社

Yさんが祖母から聞いた話だ。
祖母の家の庭には稲荷社があった。
祖母はその稲荷社を拝むと、いつもその足で氏神の神社にも参詣した。
ある日、祖母について歩きながら、なぜこんな面倒なことをしているのか訊ねた。
「この家には昔、お稲荷さんはなかったんだよ」
祖母は家に稲荷社が建てられた縁起を聞かせてくれた。
祖母の家系はかつては武家だったそうだ。
近くの関所を管轄するそれなりに地位のある家柄だった。
明治になったときに武士職がなくなり、先祖は農業を選んだ。

しかし、武士であった誇りは失わぬようにと、一振りの薙刀を家宝として残した。

しかし、時代が下ったあるとき、ある子孫が「こんな薙刀があっても食えやしないじゃないか」と、その薙刀を芋掘りに使ってしまった。

すると当の本人は祟りに遭い、散々な目に遭った。

どうしたものかとオガミサマに相談すると「家に稲荷社を作って拝みなさい」と言われたという。

早速家の庭に稲荷社を建てて拝むと、祟りはピタッと病んだそうだ。

「それから我が家ではお稲荷さんをお祀りしているの」

では、なぜ家の稲荷社を拝んだ後は、毎度氏神にも参詣するのか。

「それはね。お稲荷さんばかり拝んでいると、氏神様が怒っちゃうの。だから、お稲荷さんを拝んだら、必ず氏神様にも詣でるのよ。いいわね」

祖母はYさんにそう言い伝えた。

祖母の信仰心

Tさんの家系は、市内にある寺の分家筋に当たるという。

そのため、血縁者で青年会のような組織が作られており、定期的な寺の清掃や祭り事の手伝いなどに参加しているそうだ。

Tさんが物心付いたときから、祖母夕子さんの信心深さは印象的だった。

朝晩の読経は必ず行い、仏壇の花やお供物も欠かすことがない。

寺での行事に連れて行ってくれるのも、いつも夕子さんだった。

しかし、夕子さんは昔から信仰が篤かった訳ではないという。

ある出来事をきっかけに、家族のために祈ることを絶やさないことを誓ったのだ。

夕子さんには二人の娘がいた。

Tさんの母に当たる由美さんと、その上に薫さんという姉がいた。

これは薫さんが高校を卒業した頃の話である。

Tさんの家族が住んでいるのは、市街地から車で三十分ほど離れた集落だ。

薫さんは高校卒業後市内の企業に就職し、毎朝実家から市街地の勤務先まで車で通勤していた。

就職から半年ほど経った頃、集落内である噂が広がった。

「薫ちゃん。毎朝通勤しているときに、助手席に知らないお婆さん乗せているようだけど、誰なのかしら？」

この噂はすぐに夕子さんの耳に入った。

娘が毎朝街まで乗せるお婆さん。思い当たる節はなかった。

仕事から帰ってきた薫さんに訊ねた。

「なあに、その話。怖いんだけど。私、誰も乗せてないわよ」

当の本人も身に覚えがないようである。

「きっと、私と同じ車に乗っている子が他にもいるのね。その子と見間違えているのよ」

娘は特段気に留めなかった様子だったので、夕子さんも納得した。

噂が広まり始めてから一カ月ほど経った頃だった。

薫さんが通勤途中に事故に巻き込まれ、帰らぬ人となってしまった。

家族全員が大きな悲しみに落とされた。

特に夕子さんは事実を受け入れられず、三日以上も食事が喉を通らないほどだった。

しかし、葬儀の準備は進めなければならない。

家族は励まし合い、薫さんの遺影を選ぶところから始めた。

思い出のたくさん詰まったアルバムを開き、一枚一枚写真を確かめる。

「こんなことあったね」

「お姉ちゃん、ここ好きだったよね」

家族で思い出を振り返ることで、夕子さんも少しずつ娘の死を受け入れ始めていった。

「この写真いいんじゃない？」

最近の写真が納められたページの中で由美さんが指さしたのは、高校の卒業式の際に撮影されたものだった。

卒業式と書かれた看板の横で微笑む薫さんが写されていた。

「いいわね……」

夕子さんはアルバムからその写真を剝《は》がし、手元でじっくりと眺めた。

「何、これ……」

写真が夕子さんの手から滑り落ちる。

家族全員が何事かと、夕子さんを見つめた。

「ここ、薫の足元見て。何でもこんなものが写っているのよ」

卒業証書の入った筒を握る薫さんの足元には、バレーボール大の白い石のようなものが写り込んでいた。

それは、人間の頭蓋骨だった。

家族全員が息を呑んだ。

ひと月前から流れていた噂。足元に頭蓋骨が写った写真。

薫さんの身に起きたことは、単なる事故で済まされるものではないのかもしれない。

そこで夕子さんは、葬儀の際に本家である寺の住職に一連の出来事を話し相談した。

住職は手渡された写真を眺めると、ある見解を示した。

「これはきっと、先に亡くなった本家のお祖母様の暗示でしょう」

本家のお祖母様という人は、その二、三年前に亡くなられていた。

親族である薫さんの身に危険が迫っていることを知らせるために、あの手この手を尽くしていたのではないか、というのが住職の見解だった。

「では、一カ月前から噂になっていた、薫の車の助手席に乗っていたお婆ちゃんっていうのは」

「同じくお祖母様ではないかと思います」

この話を聞いて夕子さんは大きなショックを受けた。

(私がもっと信心深かったら、きっと不思議なことが起きたときにすぐに住職に相談していたはず。そうしたら事故は防げたかもしれない。薫が死んでしまったのは、私が寺の家系にいながら信心に疎かったからに違いない)

それ以来夕子さんは、現在に至るまで篤い信仰心を持つようになった。

「お祖母ちゃんが祈ってくれているおかげで、私たち家族にはいろんな奇跡が起きているんです」

Tさんはそう言う。

数年前祖父が亡くなったときも、医者の見たてであれば余命は数カ月ということだったが、それから十年も生きることができた。

医者も「長いこと医者をしているが、ここまでの病状でこれほど長生きした人は初めてだよ」と言っていたという。

「私も母も、よく助かったなっていうような事故に巻き込まれても無事でした」

この話をしてくれたTさんは、一時期東京に出て暮らしていたが、遠野に戻ってくることを決意したという。

「東京での仕事で悩んでいたときに、母と本家のお寺へ行ったら『戻ってきたほうがいいんだ』って言ってもらえて。すっとその言葉を受け入れられたんです」

夕子さんの信仰心は、孫娘にもしっかりと受け継がれているようだった。

モンコ（八）

遠野市内でも心霊スポットと呼ばれる場所は幾つかある。

その一つが鍋倉城跡《なべくらじょうあと》だ。

鍋倉城は遠野市街地に程近い鍋倉山にあった城である。

江戸時代以前に遠野一帯を治めていた阿曽沼氏が築城した城であったが、謀反により阿曽沼氏が追われた後、盛岡藩の一部として城代が治めていた。その後、盛岡藩の筆頭家老であった八戸南部氏が鍋倉城を知行することになり明治を迎えた。国史跡にも指定されている城跡である。

城があったということは、きっと様々なドラマがあったに違いない。

昔話の語り部をされている堀切初さんは、この鍋倉城近くでのっぺらぼうに出会った武士の物語を語っている。

現代も心霊スポットと言われているのは、この城跡で自ら命を絶つ方が何名か出たからのようで、それ以降まことしやかに噂されているようだ。

これも噂程度に過ぎないが、鍋倉山にある展望台の管理をする人たちの中では「自殺者がたまにいるので、見つけた際は慌てず連絡を」というのが申し送りになっているらしい。

この体験をしたのは「祖母の信仰心」の話を聞かせてくれたTさんの従姉のUさんだ。

ある夏の日、Uさんは同じクラスの男女グループで、鍋倉城跡に肝試しに行くことにした。

高校三年生のUさん。友人たちとの最後の思い出作りのつもりだった。

メンバーは女子三人と男子三人。

夕方に鍋倉山の入り口に集合することにした。

Uさんたち女子三人が先に集合場所に集まった。

「男子たち遅〜い」

日が暮れ始めたものの、まだ少し日中の暑さが残っていた。

ふいに、隣に立っていたA子がしゃがみこんだ。

靴紐でも解けたのかと思っていたが、なかなか起き上がらない。

「A子どうしたの？」

声をかけた途端。コロンとA子は地面に倒れ込んだ。

白目を剥《む》いて口からは泡を吹いている。

キャーーーー。

Uさんともう一人の友人はあまりの光景に叫んでしまった。

そこへ男子グループが到着した。

「おい。どうしたんだよ！」

「分かんない。A子が急に倒れちゃって」

全員がパニックになりかけたが、冷静な男子が「救急車を呼ぼう」と電話をかけ始めた。

Uさんが A子を介抱しようと近づくと、

「触るな！」

一人の男子が叫んだ。

「寄ってきている。触らないほうがいい」

どうやら、その男子は「視える」ようで、A子を取り巻く何かが見えているらしい。

一行は何もできずただただA子を見守ることしかできなかった。

そこへ救急車が到着し、もう一人の女子生徒の付き添いでA子は病院へ運ばれていった。

担任の教諭に電話で事態を報告し、A子の両親にも報告してもらうことにした。

「ねえ、何が見えていたの？」

Uさんが問い詰めても、その男子生徒は何も答えなかった。


そのまま週末を挟み、月曜日に学校へ行くとA子は登校してこなかった。

担任からはA子が体調不良で入院したことがクラス全員に説明された。

休み時間に、A子に付き添っていた女生徒が話しかけてきた。

「あのね。入院しているA子の様子がちょっと変なの」

そう言って携帯の画面を見せてくる。

そこにはA子から来たメールが表示されていた。

『赤い女の人が呼んでいる』

メールにはただ一言そう書かれていた。

「何これ」

「分かんないよ。で、どういうことか聞いたら、これが返ってきて」

再び画面を向けられた。

『行かなきゃ』

「怖くない？　あの男子だって何か見たんでしょ？　やばいよ」

担任には、あの日肝試しをするために集まっていたことは内緒にしていた。

「言ったほうがいいよね？」

「でも、何て言えばいいの」

悩んだ挙げ句、二人はしばらく様子を見ることにした。

するとA子は数日後には退院し登校した。

「A子、大丈夫？」

「うん。ここ数日のことってあんまり覚えてないんだよね」

どうやら倒れてからしばらく記憶が曖昧だという。

「よかったよ。元気になって」

Ａ子が無事に戻ってこられたことに心底ほっとした。

しかし、その日の授業中だった。

教室での授業中、Ａ子が突然立ち上がったかと思うと、

キャーーーーーーーーーー。

突然大声で叫び出したかと思うと、その場に倒れ込んでしまった。

すぐさま授業は中断となり、救急車が呼ばれ、再びＡ子は病院に運ばれていった。

直後、あのとき「視える」と言っていた男子が、蒼白な顔をしてＵさんたちに近づいてきた。

「あいつが叫んだ瞬間。視えちゃった。Ａ子の横に、真っ赤な服を着た女が立っていて。Ａ子のこと睨んでいた」

あのメールの文面を思い出した。

『赤い女の人が呼んでいる』

流石に黙っている訳にはいかないと、Uさんたちは担任を通じて、A子の両親にこれまでのことを説明した。

その上で「お祓いにいったほうがいいかもしれない」と伝えた。

その後、A子はお祓いを受けたようで、すっかり元気になり再び学校生活を送れるようになった。


私は、遠野の不思議な話をよく聞かせてくれるNさんにこの話を聞かせた。

するとNさんは少し驚いた様子だった。

「その子、戻ってこられたんだ。よかったね」

私が発言の意図を訊ねると、

「私の弟の代でもあったの」

Nさんの弟さんの代も、鍋倉城跡に肝試しに行った子たちがいた。

夕方に集合して山を登っている途中で、一人の男子生徒が突然暴れ出した。

友人数人で押さえつけて、何とか山の下まで下ろすことができた。

　すると、先ほどまで暴れていた男子は、ぼーっと魂が抜けたような様子だった。みんなが心配になり「家まで送ろうか」と訊ねたものの「いい」と断ると、一人で帰っていったという。

「それでね。その子卒業まで二度と学校に来なくなっちゃったんだって。だから、今のお話の女の子は戻ってこられてよかったなと思って」

　Nさんはそう言って、にっこりと笑っていた。

あとがき

『遠野怪談』はお楽しみいただけましたでしょうか。

皆さんの中には「これは現代版の遠野物語ではないか」と期待してお手に取っていただいた方もいらっしゃると思います。その期待に応えられたかは、読まれた方の感想を聞いてみないと分からないので、今はただひたすら不安で仕方がありません。

手前味噌ではございますが、この書籍を書いているうちに、私自身も改めて「遠野の怪談たちは何て面白いんだろう」と感じることができました。

『遠野物語』と、現代の遠野で起きた不可思議な体験を比較してみると、双方に対し様々な考察が働き、思いがけない推論が浮かびあがることもありました。

この面白さが少しでも皆さんに伝わっていれば幸いです。

そもそも、ライターとしてＷＥＢマガジンの記事などは書いているものの、書籍の執筆は初めての経験でした。怪談やホラー小説の分野で受賞したこともありません。そんな私に『遠野怪談』の依頼が来たのは、私の文章力ではなく「遠野」という土地が持つ魅力があったからこそと考えています。

かく言う私自身も、遠野に魅せられ住み始め早三年以上が経過しました。

この本を執筆できたのも、私の怪談活動を応援してくれた遠野市民の皆様の御協力あってこそです。

「遠野」という土地は、面積としては広大ではありますが、その社会は極めて狭いものがあります。「遠野怪談」と括って怪談を語れば、誰がどこで体験したものなのかが、その社会の中の人には手に取るように分かってしまいます。

中には「やっぱり掲載はしてほしくない」というお声を改めていただき、見送ったお話も幾つかあります。この悩みはきっと『遠野物語』を出版した柳田国男も感じていたものでしょう。

改めて体験談を聞かせてくださった皆さんと、日頃応援してくださっている皆さんに、御礼を申し上げます。

私は引き続き、岩手を中心に怪談を収集し、人々に発表することで、この大好きな土地に人々を呼び込めることを目指して活動を続けていく所存であります。

最後になりますが、書籍を出版するに当たり御尽力くださった方たちに、ここでお礼を申し上げます。編集担当者様、出版社の皆様、執筆の指導をしてくださった高田公太さんを始め弘前ノ怪の皆様。日頃より応援してくださる遠野の皆様。この書籍のプロトタイプとも呼べる「遠野怪談集」を佐々木喜善賞に応募した際に原稿を読んでアドバイスをくださった塚田有那さん。皆様にこの場を借りて「ありがとうございました」と伝えさせてください。

それでは、また皆様に書籍を通してお会いできる日を目指して、怪談収集に励みたいと思います。

小田切大輝

参考文献

『新版　遠野物語 付・遠野物語拾遺』柳田国男・著　角川学芸出版
『定本　附馬牛村誌』編集・附馬牛村誌編集委員会　発行・附馬牛村役場
『上閉伊郡土淵村郷土教育資料』遠野市立博物館
『妖怪談義』柳田国男・著　グーテンベルク21
『遠野風土草　天の巻　遠野学叢書図書4巻』及川勝穂・著　遠野文化研究センター・編集出版
『遠野奇談』佐々木喜善・著　石井正己・編　河出書房新社
『遠野今昔　第2集』遠野市老人クラブ連合会編集委員会・編／老人憩いの家・発行
『住田町史　第4巻　宗教教育編』金野静一・監修　住田町史編纂委員会・編集／住田町・発行

遠野怪談

2024 年 5 月 7 日　初版第一刷発行

著……………………………………………………………………………小田切大輝
カバーデザイン…………………………………………………………橋元浩明 (sowhat.Inc)

発行所…………………………………………………………………株式会社　竹書房
〒 102-0075　東京都千代田区三番町 8-1　三番町東急ビル 6F
email: info@takeshobo.co.jp
https://www.takeshobo.co.jp
印刷・製本………………………………………………………中央精版印刷株式会社